ぶらりあるき

天空のネパール

ウイリアムス春美 著

芙蓉書房出版

エベレスト山

どこからでも見える
雄大なマチャプチャレ

ヒマラヤの日没

ヒマラヤの朝日

美しい町パタン

ジャナキ寺院

ルンビニの日本山
妙法寺

バクタプルの子どもたち

仲の良い老人ふたり

小学校の教室

チベット人の物売りおばさん

日本女性はどこでもモテる

グルとカトマンドゥ観光

ムスタンの農業試験場に
馬で向かう

厳しい自然環境のジョムソン

ムクティナートへの道

サリーを着たまま稲田の草取り

まえがき

ネパールという国の名前を初めて聞いた頃はとても遠い国に感じられた。そして、そんな遠い国には行けないと思った。しかし、年を取るにつれて、その遠い国へどうしても一度は行って見たいと思うようになった。

ネパールは遠いけれど、そこにはこの地球上で一番高い山々が連なっているのだ。それらの山の麓に住む人達は、そこは神様の住むところと信じ、敬いながら一生を過ごす。確かにそんな山々は、時には神々しくさえ見える。他の多くの人達はそんな山々がそこにあるからというだけで、どうしても登らなければならないという衝動にかられる。

私には、登って征服したいという衝動はおきなかったけれど、自分の生きている間に、どうしてもそんな神々しい山々を自分の目で見てみたい、そして、山の息吹を、神のエネルギーを、この私の小さな胸に受け止めてみたいという衝動にかられ、旅の計画を立てた。

▼冬山を飛び越ゆ鳥のごと我も

▼春暁や旅人の待つ日の出かな

ぶらりあるき天空のネパール●目次

まえがき　1

第1章　ネパールというところ

インド経由でネパールへ　8
首都カトマンドゥでも停電は毎日　14
クマリ信仰　31
世界遺産の中に住む人々　36
一番美しい都　パタン　43
南端の町　ジャナックプル　48

第2章　ネパールといえばヒマラヤ

ナガルコットへのトレッキング　62
ガイドの青年ミランの夢　75
伝統文化を守る町　ドゥリケル　80
ルンビニ　希望をもたらす道　85
ポカラにヒマラヤの日の出を見に行く　98

第3章　ネパールの宝

ゴルカの町へ行こう　110
怪我して宝を見つける　120
ゴルカの町の子供たち　128
カトマンドゥは故郷　132
カトマンドゥの貧民窟と富豪層　147

第4章　活躍する日本人

近藤亨さんとムスタンリンゴ　156
ムスタン王国にある農業試験場　162
ムクティナートへ巡礼の旅　173

あとがき　179
参考文献　181

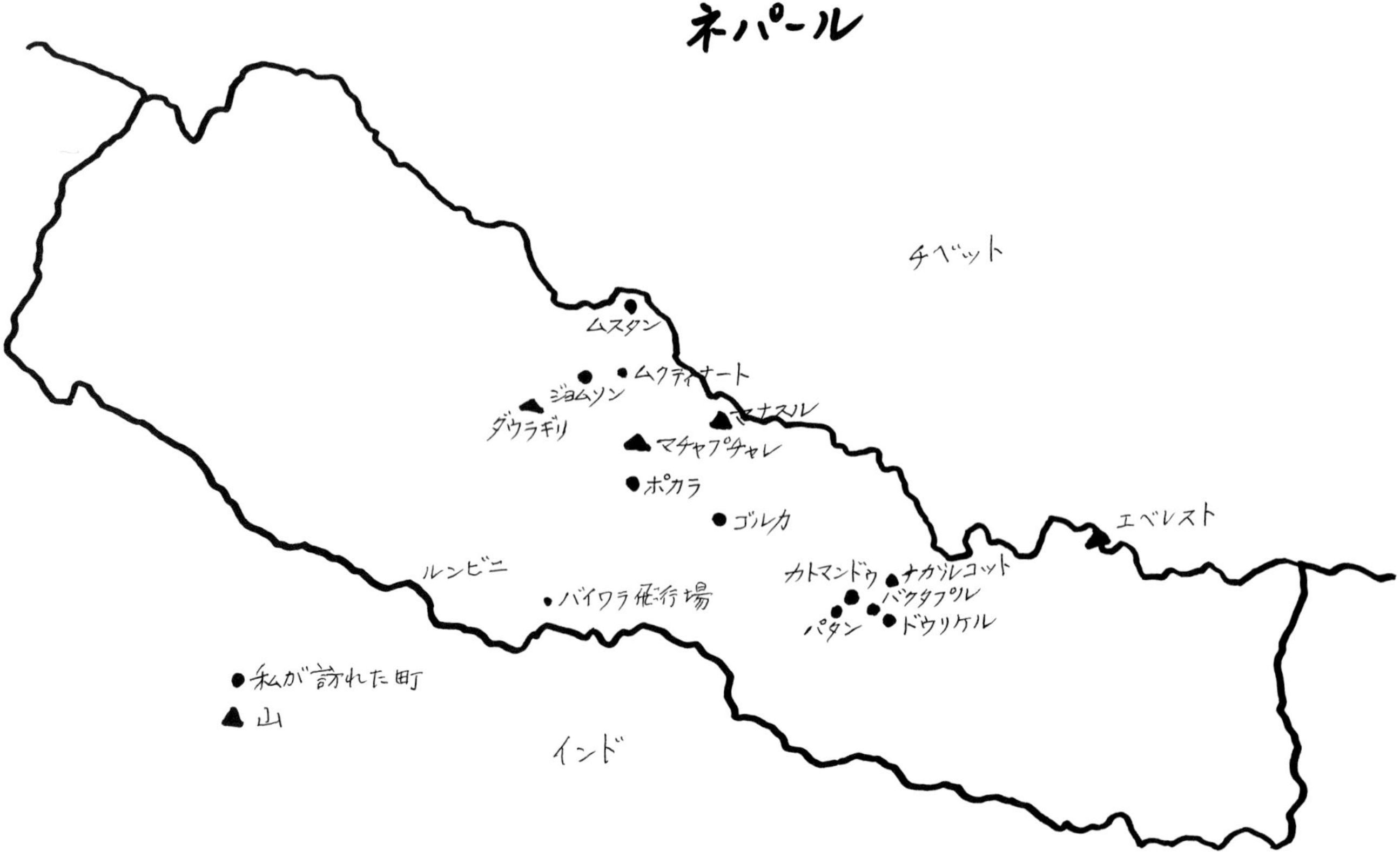
ネパール
チベット
ムスタン
ムクティナート
ジョムソン
ダウラギリ
マナスル
マチャプチャレ
ポカラ
ゴルカ
エベレスト
ルンビニ
バイワラ飛行場
カトマンドゥ
ナガルコット
バクタプル
パタン
ドゥリケル
私が訪れた町
山
インド

第1章　ネパールというところ

インド経由でネパールへ

私の住むワシントンからネパールの首都カトマンドゥへの直行便はない。どんな方法で行ってもインドのデリーで乗り換えていかなければならない。それがネパールを遠くに感じる一つの要因でもあるかもしれない。

案の定、きびしい旅となった。デリーからは、ネパールの航空会社「ジェットライト」で行くのだが、デリーの飛行場に着いてみると、そのエアラインのカウンターが見つからず慌てた。何人もの人に聞いて、他のエアラインとシェアーしているため、もう一つのエアラインが終わってからサインを出すので、あまり早く行きすぎると見つからないということが分かった。慌てないで時間ぎりぎりに行けば良かったのだ。

それにしても、黄色いガウンを着たグルに助けられなければ、カウンターも見つからなかっただろうし、飛行機そのものも見つからなかったかもしれない。カトマンドゥに行くという人達の列に並んでホッとした時、オレンジのガウンを着たおじさんが私のおどおどしている様子を見たのか、「どうぞ」と言って、私を前に入れてくれた。私も遠慮せずに、「ありがとう」と言ってチェックインを済ませた。こんな親切な人に会って、やっと安心した。

チェックインの後も、飛行機に乗るまで長い時間待たされた。

「アメリカから来たんでしょう？」

オレンジのおじさんは何でも分かっているかのような口調で言った。

「どうして分かるの？」

「そりゃ分かるよ。洋服の着方とか、帽子のかぶり方とかで分かるよ。実はボクもアメリカから来たんですよ」

そして続けて、「どうしても貴女は日本人じゃないですね」とも言う。不思議なことを言う人だなと思いながら、今度は私が聞いた。

「カトマンドゥに行くんですか？」

「そうだよ。君はカトマンドゥに何をしに行くの？」

このおじさん、ずいぶん突っ込んでくるなと思った。

「私もおじさんと同じように観光よ」

「僕は観光じゃないよ。巡礼に行くんだよ」

「巡礼？」

「そうだよ。カトマンドゥには、ヒンドゥー教では一番聖なる寺と言われている古いお寺があるんだよ。そこに巡礼に行くんだ」

ネパールに巡礼に行くなどという話は聞いたことがなかったのでびっくりした。

「僕は二人のためにお祈りをしたいんだ。一人は、身体障害者になった人が歩けるようになってねえ。僕は医者じゃないけど、お祈りをしたり、こうしたら良いとか、ああしたら良いとかいろいろ示唆を与えたんだよ。そしたら、僕の言った通りにやって、歩けないと思っていたのに歩けるようになったと言って、すごく喜んで……。僕はその人のためにヒンドゥー教の神様にお礼をしに行くんだ。

もう一人は、結婚したばかりのカップルなんだが、旦那の方が暴力をふるってねえ。嫁さんはもう逃げ出したくてたまらなくて僕のところに相談しに来たんだ。でもね、僕は、逃げ出すのは得策じゃないって説得したんだ。そして、旦那にもいろいろ話をして、二人を仲直りさせたんだ。一年後には子供まで出来たんだよ。二人とも喜んでねえ。それは神のなせるわざと僕は思っているんだ。だからそのカップルのためにもお礼がしたい」

この二人の幸運はヒンドゥー教の神様のおかげというのだ。

長いと思った行列もいつの間にか短くなり、おしゃべりをしながら飛行機に乗った。「ジェットライト」という航空会社の名前は聞いたことがなかったが、不安な気持もおしゃべりにかき消されてしまったようだ。そして気が付くと、そのオレンジのおじさんは私の隣にちゃんと座っているではないか。

確かに一人で旅をするよりは、誰かと一緒の方が何かと心強い。それに、このおじさん、身体障害者の人を歩かせる事が出来たり、暴力をふるう旦那をなだめて離婚を思いとどまらせたり、妊娠までさせたり……。いったい何者ぞ、と非常に興味が出てきた。

私が根堀り葉堀り聞くまでもなく、オレンジのおじさんはカトマンドゥに着くまでずっと話し続けた。

「僕はもともとはインド人で、チャンデガーの者なんだ。今は君と同じようにアメリカの国籍を持ってるけどね。両親はチャンデガーで結婚し農業で生計を立てていたんだ。一応地主で土地もある程度持っていたけど、もっとたくさんの土地を持ちたいと思って、アメリカに渡ったんだ。カリフォルニアに行って成功し、大地主になった。僕の両親はそこで二人の息子に恵まれ、僕は二番目の子供として生まれた、大地主の息子として生まれたから、何不自由なく贅沢な子供時代を過ごしたねえ。やがて、大人になって、長男がその大農場をつぎ、結婚し、三人の子供に恵まれた。その子供のうちの長男は、技師になってロンドンで活躍し、二人目は女の子で歯医者になって親の近くに住み、三番目の子も技師になって、今日本の名古屋で働いているよ」

ということは、彼の甥が日本で技師として働いているということなのか。だんだん親しみを感じてきた。

「それで、あなた自身は何をすることにしたの？」

それまで彼は自分のことは一言も語っていない。

「僕は次男だから農場をつぐ必要はないし、甥は技師として成功してるし、姪は歯医者だし、僕のすることは何もないよ。僕は、貧しい人達を助けることに専念しようと決めたんだ。それで、アメリカでは仕事を探さないで、親の故郷のインドのチャンデガーに戻ってきて、そこにアシュラム（ヨガや瞑想をして精神的な高揚を修練するところ）を開いたんだよ。そんなアシュラムをニューヨークのマンハッタンに一つ、サンフランシスコに一つ作った。アシュラムを一年に何回か廻って教えるっていうのが僕の人生になったんだ」

「教える？　じゃ、おじさんは先生？」

「先生じゃない。それより、ちょっと上かな。皆は僕をグル（ヒンドゥー教の教義を教える教師）って言うよ」

「いいですね。すばらしい人生ですね。日本にも時々いらっしゃる？」

「日本にはアシュラムはないが、甥が来い来いと言うから、行くよ。そんな時には、甥がすべての経費をもってくれる。だから行こうと思えばいつでも行けるんだよ」

「まあ、何てうらやましい人生なんでしょう」

本当に、彼に比べると私の人生は何なんだ。

「君の人生を教えてくれよ」

この質問を一番恐れていた。彼に比べたら、私は何もひけらかすものがない。

「別に人に自慢することは何もないけど、あたり前に結婚して子供が二人いて、子供が育った時に夫が去っていって……、そして離婚して……、今は別にこれといったことは何もしてないけど、たまには旅行をして……」

「旅行をする時には一人？」

「そう。いつも一人。だって離婚したんですもの」

「そうか。一人で旅するのは、大変だろう？」

靄におおわれた先には神々しい山々があるはず

助けてくれたグル

そんなことを話しているうちに一時間の飛行時間はたちまちのうちに過ぎ、カトマンドゥに着いた。

▼どこまでも靄に覆われ夏の旅
▼ぎっしりのバスの行き先マナスル山

首都カトマンドゥでも停電は毎日

デリーからカトマンドゥまでの飛行機の旅は、さぞかしヒマラヤの山々が見えてすばらしいだろうと期待していたが、外は薄い靄《もや》がかかっていて何も見えなかった。それに、あまりに早く着いてしまって、何となく物足りない気持ちだった。

オレンジの衣の「グル」は、何度もカトマンドゥに来ているからか、それともオレンジの衣のせいか、税関でもすいすい進んでいってしまう。私は、まず写真を撮って、ビザを取り、お金を替えて……、いろいろやることがあってもたもたしていた。グルは辛抱強く私を待っていてくれた。一緒に税関を通って、次はホテルをさがすことになった。私はホテルの予約はしていない。彼もいつも予約なしで来るようだ。

エアポートはホテルの客引きでごったがえしていた。我々と同じように、予約無しで来る観光客がかなりいるということか。グルは、ある客引きが連れていったデスクで、ホテルの写真を見せてもらったり値段の交渉をしたり、忙しく会話をしていた。

私は、別のホテルの客引きにつかまり、同じように写真を見せられ、値段を言われて、返事をしなければならなくなっていた。グルを見ると、私に何か話しかけたそうにしていたので近づいていった。

「このホテル良さそうだよ。今ここで予約しなくても、車で連れていってくれて部屋を見せてくれるって言うんだ。部屋を見ていやだと思ったら泊まらなくていいって言うんだよ。どうですか？」

「そうですね。私の方も同じような条件だし、値段も大体同じようですから、もしそちらのホテルが気に食わなかったら、こちらのホテルにしましょうよ」

そうしよう、そうしようと客引き全員が日本語で言う。ということは、そこにいる客引きたちは競争相手というよりは仲間なのだろうか。


車に乗せられ、人、人、人で埋っている道路を通り抜けてそのホテルに着いた。カトマンドゥの中心地、つまり古くから発展してきたタメル地区である。古い街らしく、ごみごみしているし、人間も多い。そんな地域の真ん中にあるホテルの名は「ホテルノーリング」。決して豪華なホテルではないが、まあまあこぎれいで感じは悪くない。持ち主はチベット人だという。ホテルのフロントを過ぎると小さな屋根つきの中庭があって、壁いっぱいにチベットの首都ラサにある、かつてダライラマが住んでいたというお城の絵がある。それを見ただけでも、いつかはチベットに帰りたいと思っているチベット人が持ち主だということがわかる。

グルが見たいと言っていた部屋は一番大きくて、二階にあった。道路に面していて、ちょっと道路からの音がうるさいだろうとは予想がつくが、バス、トイレもついていて、シングルベッドが二つある。テレビもあり、暖かいお湯も出るという。その部屋が十ドル。

グルが私に、「どうですか?」と聞いた。私は、「いいんじゃないの」と答えた。

「どうだ、君もここに一緒に泊るか? そしたら宿代は半分になるよ」

グルは最初からそのつもりだったのだろうか。

「ええ、それも魅力的だけど、私は一人の部屋も見てみたい」

「一人の部屋はあんまり良くないんだよ。ここが一番良いですよ」

と、宿の人も他の部屋を見せるのにあまり乗り気ではない。

良くなくても見たいからと言って部屋を見せてもらった。その部屋は三階にあり、シングルベッドと洋服ダンスだけの小さい部屋。それでもバス、トイレがついていてお湯も出る。私はそれ以上のことを望んでいない。その部屋は五ドル(四百円)。テレビはないが、旅の途中でテレビなど見ている時間などない。私はその部屋に決めた。グルはとてもがっかりしたようだった。

「気が変わったらいつでも下に降りてらっしゃい」

「はい、そうします」

私は、なんとなくホッとした気持ちだった。

部屋に荷物を入れ、シャワーをあびてもまだ夕方の五時。町の中を散歩することにした。

グルにとっては、これが三回目というからカトマンドゥの様子は知り尽くしていたのだろうか、迷いもせず、地図も持たず、ごったがえす夕方のカトマンドゥの町中を歩き始めた。古い地区だというのが分かる。店そのものがいかにも古くさく、突然道の真ん中に、何百年もたったかと思われるような寺が現れ、祈りに来る信者でごったがえしている。まわりは線香の匂いやら、香水の匂いやら、食べ物の匂いやらで、ヒンドゥー寺院特有の匂いに包まれている。

「僕についてくれば何も心配することはないよ」

グルは、何の躊躇もなくどこまでも歩いて行く。私は彼の後をはぐれないようについていくうちに、どこを歩いているのか分からなくなった。

物を売るマーケットはどこにでもある。買い物をする人でごったがえしていて、歩く隙間もないくらいだ。外国人らしい人にもめったに会わない。グルは途中で、いろいろな店に立ち寄り、食べ物の品定めをしたり、値段を聞いたりしている。

「僕はこの辺の事情に通じているから、僕をごまかすわけにはいかないよ。でも、気を付けなきゃならないよ。油断してると、ごまかされるからね」

あちこち店の前に止まっては値段を聞いたりしていたグルがようやくナッツとビスケットを買った。

「この店の娘さんはいい顔をしてるよ。顔を見ただけで、人の相が分かるんだ。彼女は絶対にごまかしたりしないよ」

その子の前でそう言った。その子はウフフと笑っていたが、特別うれしそうでもなかった。

小さなレストランに入って、「モモ」という食べ物を食べた。餃子のもとかと思われるような食べ物だったがおいしかった。彼もベジタリアンだったから、彼の食べるものを食べていれば安全という感じで、それだけはありがたいと思った。少しだけ食べたと思ったのだが、あちこちではしごをしたので、ホテルに戻った時には、お腹は一杯。グルはすぐ寝ると言って自分の部屋に引っ込んでしまった。まだ夕方の七時だ。

外はまだ明るい。時間がもったいないではないか。私は今度は一人で廻ろうと思って外に出たが、どこの店でも店じまいをしているように見える。店の人に聞いてみた。

「もう閉めるんですか?」

「もうすぐ停電になるんですよ。真っ暗になる前に店じまいをしないとね。何か欲しい物でも?」

「いえ。今日カトマンドゥに着いたばかりなんです」

「今日の停電は午後八時から十一時までなんです」

これでは夜のカトマンドゥを楽しく歩くことはできないと思い、ホテルに戻ってきた。グルは知っていたのだろうか。

電気は八時きっかりに消え、それから十分ほどしてパッと明るくなった。自家発電なのだそうだ。ホテルなどはどうしても自家発電にたよらなければならない。自家発電のモーターの音がすごい。もうこうなったら自分の部屋に戻るしかない。しかし、部屋の中の電気も一つしかつかないようになっているから薄暗くて、とても本など読めるものではない。寝るしかない。

停電は毎日あって、その日は夜の八時から十一時まで。十一時から三時まで電気がついて、三時から朝の九時まで停電。毎日停電の時間が違うので、新聞に発表される停電のスケジュールをよく見て生活を変えなければならない。大体一日八時間の停電が決められているという。

ネパールの毎日の停電は通常のことで、季節によって変わるらしい。現在は八時間だが、雨期には二時間になることがあり、乾期になると十六時間か十八時間にもなる。それでもカトマンドゥに住む人々は何も文句を言わない。短時間でも電気がくることに感謝しているようだ。

夜中の二時ちょっと過ぎに起きたら電気がきていた。バスルームの電灯が付けっぱなしになっていた。次に目が覚めたのが六時十五分。もう眠れないので、ネパールに関する本を読みたいと思って、本をかかえて下に降りていったが、グルはいなかった。外はまだ真っ暗。

グルとは、「朝七時半に会いましょう」と言っていたのだが、いくら早くにヒンドゥー寺院に行ってお祈りをしたいと思っても、朝の六時半ではちょっと早すぎるじゃないか。

真っ暗なロビーの椅子に座って、じっと明るくなるのを待った。暗闇の中でごそごそと何かが動いていていてびっくりした。昼間、私の荷物を運んでくれたりしてこまごま働いていた男の子だった。

「ごめん、ごめん」

そう言いながら自分が使っていた毛布を片付けて椅子のかげにしまった。洋服は前の日に着ていたそのまま。ぼさぼさになっている髪の毛を、胸ポケットから小さな櫛を出して、きれいにとかすとしっかりした青年に変身。シャワーなど必要ないのだ。

私は、グルが降りて来るまで、暗闇の中でその子の身の上話を聞くはめになった。

その子はクリシュナという二十二歳の男の子。「ホテルノーリング」で、観光客の世話役の仕事をしている。親はいない。五人の男の子と二人の女の子の七人兄弟の末っ子で姉夫婦に育てられた。兄三人は日本に行ってコックになり成功していて、一番上のお兄さんは、六ヵ月ほど前に日本政府から労働ビザをもらったという。クリシュナの姪の一人は、五年間のビザをもらって、日本とネパールを行ったり来たりしている。看護婦になりたいのだそうだ。クリシュナもゆくゆくは日本へ行きたいのだと言う。高校までは行ったけれど、その上には行きたくない、どうせネパールでは仕事がないのだから勉強しなくてもいいと言う。私との会話も英語だったが、英語は少しは学校で勉強したが、ほとんど独学だという。自分の意思を伝えるには全然困らないようだ。

そんな話をしているうちにグルが降りて来た。

「今日はタクシーを借りて、一日でカトマンドゥ市内の観光を全部やりたいんだ」

それは又私の希望でもあったので、二人でタクシーを借りることにした。

カトマンドゥはネパールという国ができる前は三つの古都、パタン、バクタプル、カトマンドゥの一つだった。ネパールという国が統一された時、ネパール国の首都になった。

細長いネパール国は、北は中国、南はインドにはさまれたような形になっているが、地理的には北の中国と、南のインドのちょうど真中に位置している。そして盆地になっている。北に聳《そび》えるヒマラヤの山々の麓にあたるため、山岳地方の寒さにも、南の熱帯の暑さにも悩まされることはない。このように比較的しのぎやすい気候であるせいか、ネパール国はカトマンドゥ盆地を中心に発展し、インドとチベットの交易の通行路として栄えた。カトマンドゥ盆地には歴史的に重要な建物が無数にある。この小さな盆地に四つも世界遺産が集中しているのもその歴史の深さをものがたるのかもしれない。

グルが行きたいと言っているのは、すべて世界遺産として指定されているところである。その中にヒンドゥー教の聖地として知られるパシュパティナート（Pashupatinath）寺院があり、その他にも世界遺産として指定されている宮殿や寺院が多々ある。一日で全部見たいといってもとても訪れきれるものではない。

タクシーは十時近くに来た。一日の料金や行き先を交渉していよいよ出発である。

最初に訪れたのは、ネパール最古のお寺、スワヤンブナート（Swayanbhunath）。このお寺には密教の法具、金剛杵がおさめられている。そして、境内にある建物は、インド、シカラ様式の仏塔、チベット仏教、カギュ派の僧院などであり、仏教徒によって建てられた。しかし、ヒンドゥー教の女神、ガンガとヤムナーが祀ってある巡礼宿もあり、いろいろな宗教が混合していていかにもネパールらしい。

それから、ボダナート（boudhanath）。これがまたすごく大きい。古くからチベット仏教徒の重要な巡礼地でもある。特にチベットが中国に併合されてからは、大切な巡礼地になった。

停電の原因はこれ？　電線が複雑にからみ合っている

チベット仏教徒の巡礼地
ボダナート

パシュパティナート寺院の前
に立つサドゥ（苦行者）

グルと一緒にカトマンドゥ観光

パシュパティナート寺院の外の乞食たち

十五世紀にイスラム教による破壊の後、再建された建物である。かつて、カトマンドゥとラサを結ぶヒマラヤ越えの交易が盛んだった頃、チベットからの商人や巡礼者は必ずここに立ち寄って、無事にヒマラヤ越えができたことを感謝し、帰路には再び旅の安全を祈ったという。この寺の回りには、一九六〇年からの亡命チベット人が大勢居をかまえている。

次に行ったのが、パシュパティナート寺院。ヒンドゥー教のシヴァを祀る寺院で、グルが行きたかった寺院である。ヒンドゥー教徒でないと中に入れてくれない。実は、グルについて行けば私も一緒に中に入れるかと希望的観測をしていた。しかし、ヒンドゥー教徒でない者は絶対に中に入れてくれない。私も嘘をつくわけにもいかない。私は背伸びして中を覗き、ムービーカメラで撮影しながら外でじっと待つ以外になかった。グルは、何人もの人たちのお礼をすると言っていたから、ずいぶん時間をかけてお祈りをしていたようだ。外には物乞いをする人たちが並んでいたので、私はその人たちの写真を取ったりして待った。

グルは満足して寺院から出てきたが、群がる物乞いたちには目もくれず、パタン（Patan）に向かった。実に古いが、美しい建物がびっしりと昔のまま残っているのにびっくりした。あまりの驚きでしばらく感覚が麻痺したようだった。

タクシー代を払って、その日の観光は終わった。ずいぶん回ったが、一日で有名な建物や仏像をすべて見るなどやはり不可能だった。

私は翌日からの予定を立てなければならなかった。グルが翌日にはインドに戻るからだ。

まず釈迦の誕生地として知られるルンビニを訪ねたいと思った。グルがヒンドゥー教徒として聖なる寺院パシュパティナートを巡礼するのなら、私も仏教徒としてルンビニを訪れるべきではないのか。釈迦が生まれた所はネパールなのだ。本当の目的はヒマラヤの山だったが、もうすでにネパールに来ているのだから、ヒマラヤの山はいつでも見られると思った。その前に釈迦の誕生地訪問も悪くないだろう。

「ルンビニに行きたい」と言うと、クリシュナがただちに旅行会社の人を呼んできた。日本人のセールスマンのように黒の背広を来て、アタッシュケースを持った男がすぐに現れた。日本語も話す。頭はきれいに撫で付けられていて、髪の毛もクリームでテカテカだ。

「ルンビニに行くのは止めなさい。危ない。まずルンビニに行くバスがない」

髪の毛テカテカ男が言う。

もったいぶった言い方をするので、なかなか分からなかったが、いろいろ聞いているうちに分ったのは、今のネパールは政治が非常に不安定で、特に選挙前はゲリラがあちこちに出没するので道が通行止めになっており、ルンビニに行くバスが出ていないという。

二〇〇八年のネパールは不安定な政治情勢だった。飛行機は出ているが、飛行場からホテルに行くにはバスもタクシーも出ていないから、リクシャー（人力車）しかないと言う。ゲリラが襲うのはバスか乗用車。武器かガソリンを運んでいると思って襲うのだそうだ。けれどもリクシャーならば、何も運べないので襲わないのだと言う。しかし、飛行場からホテルまで二時間はかかる。

「だからルンビニには行かないで、ポカラに行きなさいよ。ポカラに行って、トレッキングをやった方がいい。今時の旅行者は皆そうするんです」としきりにすすめる。

よくよく考えてみれば、私がネパールに来た理由は山が見たかったからなのだ。巡礼ではない。山を見るためにはポカラ。ポカラ。それを知らない人はいない。

「じゃ、そうしましょう。ポカラに行くにはどうするの？」

「いろいろな方法がありますけど、すべて貴女がいくら払うつもりかによります」

実にまわりくどい。

「『いくら払うか』と聞かれても、どういう種類の行き方があるのかも説明しないでは分からないから、何とも言えないでしょう」

「いろいろありますけどね」

また、のらりくらり。

「観光バスで一番安いのがいい」

「今ガソリンが買えないので大変だけど、十ドル（八百円）でいいです」

「ああそう、じゃ、十ドルの切符を買います」

二十ドル（千六百円）札を出したらおつりがないと言う。周りにいた四人ぐらいの人たちが皆ポケットをさぐって細かいお金を探したが、結局誰も持っていなかった。ホテルのマネジャーに取り替えてもらって、十ドルを私に返したが、「手数料はもらってないからね」と言う。

私が、「何の手数料？」と聞いたら、「切符を手配した仕事に対する手数料」と言う。私はびっくりして、「そんな手数料なんてあるの？」とつい言ってしまった。それまでだまって聞いていたグルがそこに割り込んできた。

「ルピーで切符はいくらなんだ」

「六百五十（七百四十三円）」

「それじゃ、あんたのもうけはどうするんだ」

「もうけはないんだ」

「そんな見えすいた嘘をつくんじゃない。お前さんは自分は頭がよくて我々は何も知らないと思っているようだけど、そういう見えすいた嘘をつくのではいい商売は出来ないよ。商売をするには、まず正直でなければならない」

するとと男は、「あんたの説教なんか聞きたくない」とグルに言い、私には、「返した十ドルをよこせ。もらった二十ドルは返すから、自分はもう知らないよ」と言う。私は十ドルを返し、彼から二十ドルをもらった。男はさっさとホテルから出て行ってしまった。皆あっけにとられてしまった。

翌日のバスの切符はなくなってしまったが、私自身は全然困らないと思った。平気、平気。旅行会社はたくさんある。これから外に出てちょっと歩けば、今でも開いている旅行会社があるに相違ないという自信があったからだ。

その男が去った後、外に出ようとしたら、

「マダム。明日の切符が欲しいんでしょう？　四百五十ルピー（五百十四円）」と言って、一人の男性が近づいて来た。事の成り行きを一部始終見ていた人たちの一人で、オートバイ用のヘルメットを手に持って、だまって見ていた男だ。

「貴方は旅行会社のひと？」と聞いたら、「そうだ」と答える。

自分の事務所はすぐ近くだからオートバイのうしろに乗りなさいと言うので、うしろに乗って行く。着いた所はホテルで、その二階の奥の部屋が事務所になっている。旅行の手配などもホテルの経営と一緒にやっているような感じだった。

ポカラ行きの切符をもらい、お金を払おうとしたら、「マダム、どうしてポカラに今頃行くの？」と聞く。

「どうして行くのって言ったって、本当はルンビニに行きたかったのに、バスがないというから、仕方がないからポカラに行くのよ」

「ルンビニに行きたいのなら、ルンビニに行った方がいいよ。もしかしたら、もうすぐ通行止めが解除されるかも知れない」

「どういう意味？」

「今、いろいろな政党が話し合いをしていて、皆が合意すれば通行止めが解除になるかも知れないよ。保証はできないけど……」

「だから、やっぱり、そんな危険をおかしてまでルンビニに行く必要はないと思ったから、ポカラに行くことにしたのよ」

「今の時期はポカラはよくない。貴女がポカラに行く理由は山が見たいからなんだろう？　だけど、今の時期は、いくらポカラに行っても山は見えない。それよりは、山が見える可能性のあるナガルコットとかバクタプールのトレッキングを僕は推薦するよ。ナガルコットからの眺めは最高なんだ」と言う。

確かに、『ロンリープラネット』という旅行案内書にはそう書いてある。

「そこに行ったら、山は確かにみえるの？」

「見えると思うよ。でも季節が季節だから、もし見えなくても、そこは、日の出、日没がすばらしい所だよ。日本人はそこへ行くのが好きだ。そこへ行けば絶対満足する」

自信満々の口調で言う。

私の疲れきった頭は、一生懸命どうしたら良いのか考えていたが、やっぱりその男の勧める方を取ることにした。考えるだけのエネルギーももうなくなりかけている。彼はかなりのセールスマンだ。

「そのトレッキングいくらなの？」とおそるおそる聞いた。

「二泊三日で三百四十四ドル（二万七千五百二十円）。ガイドのチップは含まれていないけど」

「でもこのお金では一つの部屋に二つベッドがあって、その一つに僕が寝ることになるけど、それでもいいかい？」と言う。

この男は一体何を言うのだろうと、頭の中がグルグル回ったが、その国によって男女関係とかは異なるのかもと思いながら、「それは……」と躊躇していると、「そうでなければ、ボクは他の所に泊らなければならないから、二十ドル（千六百円）増しだよ」と言う。

二十ドルでゆったり寝られるのであれば、その方が私にとってはずっといいので、二十ドル余計に払って、合計三百六十四ドル。これで、ガイド付きのトレッキングに行くことになる。二十ドルから、三百六十四ドルの大きな買い物になってしまった。

安くするために「グループで行きたいけど、他の人たちはいないの？」と聞いたら、今はシーズンオフなので、他に誰もいないと言う。ネパールのシーズンというのは、山がよく見える時期、つまり十月から二月頃までをいい、それ以外はオフシーズンになるわけだ。

結局一人で行くことになる。そして、翌日ではなく、翌々日にしてもらう。その日グルと一緒に回った名所をもう一度、一日ゆっくり自分一人で廻りたかったのだ。それからトレッキングしても遅くはないだろう。

靴はよしとしても、急に決めたトレッキングなのでリュックがない。宿に戻ってからリュックを買いに行き、安いリュックを買って、ホテルに戻って明日の用意をしていたら、グルがドアをノックしてきた。「さよなら」を言いにきたのだ。帰りにインドのチャンデガーに、という誘いだったが、お断りした。旅はやっぱり一人がいい。

▼オレンジの花色の僧行く古都の夜
▼夕立や鳥のコーラスかき消して

クマリ信仰

グルと一緒にカトマンドゥの観光地を廻ったが、その中で一ヵ所非常に気にかかる所があった。それはクマリの館である。クマリの館はカトマンドゥの旧王宮広場の一角にある。グルは全然興味がないのか、我々はそこを素通りしてしまった。今度は私一人で行って確かめたいと思った。

クマりとは生神のことである。と同時に、クマリは Durga-Taleju（デュルガ・タレジュ）の化身であるとヒンドゥー教徒は信じている。Durga-Taleju の Durga は悪魔を退治した神様であり、Taleju は当時カトマンドゥ盆地を統治していたマッラ王朝の守り神なのだ。その二大神の化身なのであるから、ネパールという国家ができる前からカトマンドゥ盆地に住んでいたネワール族にとっては特別な思いがあるのだろう。つまり神は複数の神々で、生きている神もあるのだとネワール人は信じているのである。これはネワール族の信仰といっていいのだろう。というのは、このクマリの風習はカトマンドゥばかりでなく、三古都の二都と言われていたパタン、バクタプルでも全く同じように行われているからである。

クマリは四歳頃から月経が始まる前までの女の子でなければならないとされている。そして、選び方もチベットのダライラマの生まれかわりを見つける方法と同じで、選ばれると親から離され、クマリの館で育てられ、生神としての教育が始まる。

生神クマリは、毎年九月の始め頃に行われるインドラ・ジャートラ（インドラ祭）にかつぎだされる。この祭りは今はヒンドゥー教の祭りとされているが、以前からそれに似た祭りがこの地方にあり、ネワール人がそれを引き継いできた。この祭りのインドラにも諸説がある。紀元前一五〇〇年前頃、インドの北西地方に移住したアーリア人に始まり、以来千年の間に出現した多数の自然神に捧げた賛美の歌をヴェーダというが、インドの宗教、哲学、文学の源流といわれる、このヴェーダに詠われる天国の神様インドラであるという説が一つ。二つ目はこの祭りが季節的にモンスーンの時期に催されるので、雨をもたらしてくれる神様への感謝の祭りであるという説。三つ目はインドラという他国の王がカトマンドゥを侵略しようとした時、そこに住んでいた原住民、つまりネワール人が戦って追い出したので、勝利を祝する為の祭りだという説である。どの説が主筋なのかさだかでないが、とにかく八日間にわたる大きな祭りなのである。

最初の二日間はその年に亡くなった人たちの供養が主目的で、寺は花や線香でうめつくされ、仮面踊りや、人々がさまざまな神々や悪魔の衣装をつけた野外舞踏劇がくりひろげられる。

クマリは三日目から登場する。まず王の祝福を受けることから始まり、山車に乗り、市内を巡行し、次の数日も巡行を続け、最後日には再び国王に謁見して、今度は彼女が国王に祝福を意味するティカ（額につける赤い吉兆マーク）を与えてその日の任務が終わるのである。

クマリの館

どこの国の子供もかわいい

このクマリ信仰はネワールの宗教儀式である。けれどもその儀式を制度化したのはヒンドゥー教徒のジャヤプラカシ王であった。クマリはヒンドゥー教の女神とされているが、伝統的にネワールの仏教僧侶の階級から選ばれなければならないという決まりがあり、それを今でも守っている。そして選考方法はチベット式なのである。これだけを見てもいかにいろいろな要素が入り組んでいて複雑かがうかがえる。

クマリはインドラ祭の時ばかりでなく、年に何回か他の祭りにもかつぎ出されるのだという。その他、祭りの日でなくても、大枚の喜捨に応じて、彼女はクマリ館の窓から顔を出し、生き神としてその人の運勢などを占うのだそうだ。

それにしても、いたいけないクマリを座敷牢のような館に閉じ込めておくのはいかがなものかと、私の正義感がゆすぶられてこの信仰はどうも納得できなかった。

そこで、地元の人たちはどういう風に思っているのか聞いてみた。しかし、ローカルの人たちにとっては、それを問題にすることすら不思議なことらしかった。かえって、クマリとして子供が選ばれることを名誉と思っている人もかなりいるようであった。他国で育ち、教育された者が人権侵害などと叫んでみたところで、ネパールでは全く異なる価値観、宗教観で受け入れられているので、的外れな批判となる。

元クマリであったラシミラ・シャクヤの著書*From Goddess to Mortal*によれば、彼女がクマリであった時代は甘やかされすぎることはあっても、虐待などは絶対になかったとある。そして、クマリの館には閉じ込められているのではなく、本人は館の外に出る自由はなかったにしても、家族の者は自由に出入りでき、宿泊も可能だったというのが実情であったようである。著者の最も重要な指摘は、クマリとしての役目が終わった時、金銭的には保証はされていても、一般教育は皆無の状態で出されるので、出された後、普通の生活に戻るのが非常に困難なので、転換期のアフターケアを、内部の者、あるいは、外部のスペシャリストが配慮すべきであるという点である。そして、クマリ時代の異常なほどの甘やかしはやめて、もっと現実的に、ゆくゆくは普通の生活に戻らなければならないという事実を教える必要があるといっている。

私は当初はクマリの習慣は、人権や小児虐待、女性蔑視などの問題に関わっているのではないかと考えたが、それと同じような動揺を感じた人がいた。二〇〇四年に、ＣＷＩＮ（Child Workers in Nepal）という団体の会長であるGauri Pradhanという人がこの問題をとりあげ、『マリー・クレア』(Marie Cleire) という雑誌で、クマリには正常な教育がなされるべきだし、クマリを辞めた時、将来への選択が他の子供達と平等に出来るように、それなりの教育やカウンセリングが必要だと主張している。

前述のラシミラ・シャクヤも全くその考えには同意見で、もしそういった対策がなされなければ、自分が結婚して子供ができても、子供には絶対クマリにはさせないと言明している。

彼女は著書の中で、つい最近まで、ネパールでは学校教育の制度がなく、ほとんどの人は、特に女性は無学文盲だったから、クマリの引退後の教育は必要なかったのかもしれないが、今のネパールでは随分事情が変わって教育もよくなっているので、時代の流れに即してクマリも変わっていかなければならないと世間の注意を呼びかけている。私自身も、特に元クマリのラシミラ・シャクヤの本を読んで、クマリの人権問題になったかもしれない状況も時代の流れと共に自然に解消されていくのではないかと楽観するようになった。

▼クマリさま囲みて崇む祭りの日
▼夏の朝鳥の聞こえて雨の止む

世界遺産の中に住む人々

クマリ信仰を通して、ネワール文化の深さに引かれ、もっと知りたいと思った。だからネワール文化を生み出し、今でもその文化を固持している三古都の一つ、バクタプルを訪れることにした。そこはカトマンドゥから東に十二キロも離れているので、ホテルの車で連れていってもらうことにした。参加者は私一人。

バクタプルはネワール族が築いた都の一つ。ネワール族はカトマンドゥ盆地に住む原住民だと言われている。けれどもその人たちがいつ、どこからきたのかというのははっきりしていない。もともとその地方で農耕をしながら生活していたが、十二世紀頃からマッラ王朝が始まり、アマンダマラ王がカトマンドゥ盆地を中心に都を築いた。その頃、カトマンドゥがインドとチベットとの交流の通路になっていたこともあって、両方の文化の影響を受けて建築、絵画、その他の芸術がビジネスと共に栄えることになったのである。一四八二年に亡くなったヤクシヤマーラ王は三人の息子に恵まれ、王は、自分の国を三等分に分け子供たちに与えることにした。それがカトマンドゥ、バクタプル、パタンという三つの都になったのである。

三人の息子たちは与えられた土地にそれぞれ都を作り、そこの王となり、芸術、建築を磨くべく三人三様に邁進し、芸術の高さを競い合った。それが今残る世界遺産のもとになったのである。

三つの都が芸術の高さを競っている間、他の地域では何が起こっていたのか。インドではムガール王朝が成立し、大勢のインド人、つまりヒンドゥー教の人たちがイスラム教を逃れて南から北上し、今のネパールの西部地方に移り住むようになっていったのである。この人たちにもいろいろな部族があり、二十二もの小さな王国が築かれていった。さらに、東の方にも二十四の王国が築かれた。こういう人たちがだんだんとカトマンドゥの方向へと移動していったのである。

マッラ王朝の三つの都の王たちは芸術の高さを競い合ったが、兵力を蓄えようとはしなかった。そのため、ゴルカに居着いたシャハ家に生まれたプリティブ・ナラヤン・シャハ（一七二三～七五）が一七七四年、ネパール全土統一に成功したのである。これがネパールの現在の形の始まりになった。そしてネパールという国名はネワールがなまったものだという説がある。

バクタプルの街の入り口で十ドルがっちり取られた。がっちり取られただけあって、びっくり。こんな所がネパールにあるなんて……。まるで木の彫刻の町。

この町が作られたのはマッラ王朝の時で、最もすばらしい建築を築いたのはヤクシャマーラ王であるが、その後も続けられた。そして最盛期には、寺院、修道院一七二、水を貯えておく大きな入れ物七七をはじめ、一七二の巡礼者の宿泊設備、一五二の井戸などが作られていて栄華を誇っていたという。この都の人口は六万五千人であった。

この町の特徴は、共同生活。町の中央ダルバール広場に大きな井戸があり、人々が集まって洗濯をしたり、料理のために水を汲みに来たり、ただの井戸端会議をする場でもあった。そして、その広場に面して、人々がいつでも訪れることが出来るお寺が建立され、その町には、地方からお寺参りに来る人たちのために、宿舎が豊富に整えられていた。あろうことか、宮廷も作られ、王様一族までが、民衆と一緒に住んでいた。

バクタプルは一七七二年にプリティブ・ナラヤン・シャハによって征服され、王族はなくったが、人々はずっとそこに住み続けた。しかし、一九三四年の大地震で町は七十パーセントが破壊され、さらに一九八八年にも地震が襲い、町はほとんどが崩壊し大打撃を受けた。それでも人々は住み続け、一九七〇年にドイツによって始められた十五年計画の建て直しプロジェクトによってほとんど昔のままに修復され、一九九九年世界遺産に認定されたのである。人々は今も昔のままに住み続けている。

私は町全体のあまりの見事さに見とれ、何枚も写真を取った。世界遺産になったと言われるが、旅行者の数は少ない。ダルバール広場などは私一人。駐車している車も私が乗ってきた車が一台だけ。もう一つのもっと大きな広場に行くと、ちらほら白い顔の人たちを見えたが、それにしても少ない。ここにはあまり宿泊の設備がないので、カトマンドゥに泊って一日ツアーで来るだけなのだろうか。

「一時間半だけだよ」と運転手に言われ車を降りた。一時間半も一人でどうするのかと思っていたが、時間は足りなかった。一回りして駐車場に戻ると、「孔雀を見たか」と運転手が聞いた。「見なかった」と言うと、「それは絶対見なければ駄目だよ」と、運転手が連れていってくれた。狭い路地の二階の窓のあたりにある彫刻。あまりにも狭いその路地は通り越していたのだ。

素晴らしい孔雀の彫刻だった。孔雀が羽一杯に広げている姿を彫刻したもので、それがレンガの建物の壁に貼り付けてあるのだ。大きな額縁の絵が飾られているようにも見える。建物は現在は木彫美術館になっているが、もともとは僧院で、その孔雀の窓はネワール彫刻の最高傑作と言われているのだ。

すばらしい被写体。でもそれを下から撮るのでは全体が画面におさまらない。私がカメラの角度に苦心しているのを見て、「ちょっと待って！」と運転手は言って、どこからか、男の人を連れてきた。その男性は孔雀の真向いにある店のドアの鍵を開けた。そこはおみやげ店で、この店の二階が孔雀の正面にあり、すばらしい写真が撮れるというのだ。これまたすばらしい彫刻のドアを開けて入り、狭い階段を上がる。孔雀の真正面の窓をあけて、思い切りたくさん写真におさめた。

撮り終わって気が付けば、彫刻の売り物が壁にも床にも一杯だ。今見たばかりの孔雀の窓とそっくり真似たものもある。私が、「すごいですね」「すばらしいですね」と言ったものだから、もう止まらない。「これはどう」「あれはどう」……。そして、「この店で一番高いのはこれ」と、窓の孔雀をそのまま彫刻したものを持ってきた。値段なんて聞いていないのに、「これは二百ドル（一万六千円）だけど店で一番いい品物」と言う。

確かに素晴らしいが、買うつもりはなかった。

「急に言われても、二百ドルは高いし、そんなかさばる物を持って行けないから駄目よ」

「これが大きすぎるなら全く同じので小さくしたのがあるけど、これ」

持ってきたのは、確かに小さいが、もっと彫刻が細かい。こんな細かい彫刻を彫るのはネワール人だ。

「二百ドルが高いなら安いのもあるよ、安いので気にくわないなら、まけて二百ドルじゃなくて百五十ドルはどう？」

「大きい方が重すぎるなら小さい方のはどう？」

あれよ、あれよという間に、二百ドルから百五十ドルになり、それが百二十ドルになり、すでにパッキングを始めている。

ここまできて「ノー」と言うのは難しい。ドアを開けて中がお店だと分かった時点で二階に

ネワール芸術で最も美しいといわれる孔雀窓

世界遺産の町のマーケット

バクタプルの子供たち

上がって行かない方がよかったのかもしれない。とうとう、あっという間にお金を払わされ、腕には孔雀の包みを持たせられていた。

ネワール族は手が器用で、彫刻を彫るのはピカ一で、誰にも負けない腕利きだが、同時に商売にも長けていると聞く。インド、カトマンドゥ、チベットをつなぐルートでたくさん儲けたらしい。そしてその儲けたお金をお祭りに使い、次の儲けを願う。お祭り好きで、ネパールにある祭りの中ではネワール族の祭りが一番多いらしい。クマリの登場するインドラ祭りもネワールの人の始めたお祭りの一つだ。

車に乗ってしばらくしてから、あんな時にはどうしたらいいのか、良い写真は撮りたいし……と考えているうち、ハッと思いついた。写真を撮り終わってから店主にちょっとチップを払えば良かった！　チップをあげる習慣になれていないが、チップをやっていれば高価な彫刻を買わなくてもすんだかもしれない。それにしても、ネパール最高の木彫の傑作、孔雀の窓をアメリカの家の居間に飾るのも悪くはない。

▼夏風や盛衰見守る孔雀かな

一番美しい都　パタン

ネパールの文化を代表する三古都の二つ、バクタプルとカトマンドゥを訪ねたのであるから、第三の都を訪ねないという法はない。第三の都はパタンという。パタンはカトマンドゥの東の端の方で、あまり遠くないということなのでバスで行くことにする。ここもまた彫刻の町であり、仏教画の町。町全体が長い仏教の歴史を持つ。ということは、ネワール彫刻の技術者や、仏教画を描く職人が多くこの町に住んでいたということであり、それが今でも続いている。

町の外側にはアショーカ王が建てたとされるストゥーパが残されている。それが理由だからか、今でも住民の八割が仏教徒だ。つまりネパール仏教徒。ということは、チベット仏教とは全く異なり、仏教では許されていないヒンドゥー教のカースト制度を取り入れ、仏教弾圧の時勢を生き延びた。そのカースト制は、ヒンドゥー教の社会の上下のカーストではなく、職業別のカーストにし、それを世襲制にした。それがネパール仏教の特異なところで、一見してヒンドゥー教のようでもあり、仏教のようでもあり、両方でもあり、非常に見分けにくい。

パタンは昔サンスクリット語で「ラリトプル Lalitpur（美の都）」と呼ばれていただけあって、あるガイドブックでは、三古都のうちでは一番美しいという。ネワール族は優雅な宮廷文化を支えるために建築から装飾品までのあらゆる技術を磨き上げてきた。今見られるネパールの伝統美術は、ほとんどがこの時代に完成されたものだと言われる。

確かにパタンの町並みを歩いていると、三百年も前に戻ったような錯覚を起こす。観光地になっても観光化されきっていない証拠なのかもしれない。バクタプルと同じか、それ以上に昔と同じようなことをして、人々は生き続けている。

『地球の歩き方』には、「日本での個展の経験もある仏画師、ロク・チトラカール氏が主宰するシムリク・アトリエに行くと、完成品を見せるだけでなく、伝統的な手法による作画も見学できる」と書いてある。私もそのアトリエに行ってみたいと思った。宗教画には大いに興味がある。道は狭く、くねくねしているので、旅行者にとっては非常に分かりづらい。狭い道の両側は皆小さな店がつながっているのだから。ある小さな店で聞くことにした。その店の前で三、四人の人たちがたむろしている。二歳ぐらいの子供を三人の大人があやしていた。

「シムリク・アトリエをご存知ですか？」

子供をあやしていた男性が、子供をあやすのを止めて聞いてきた。

「何の為にシムリク・アトリエに行くんだね？」

「旅行案内書によると、そのアトリエではネワール画の伝統的な手法を見学させてくれる、と書いてあるので、それが見たいんです」

「ああ、そう。それならシムリク・アトリエまで行く必要なんてないよ。ほら、あの店だって、店の中でみんな絵を描いているからそれを見ればいい。どこだって同じだよ。ボクの店も見て下さい。ボクだって、気がのっている時には店で描くんですが、誰が見てもいい。だけど、今日はどうも気がのらないから子供と一緒に遊んでいるんだよ」

「でも、そのシムリク・アトリエのチトラカールという人は特別に上手で有名なんでしょう？」

「そんなことはないですよ。このボクだって……。ちょっと見て下さいよ」

その時まで、店の外で話していたので、店に何があるのか分からないでいた。

導かれるままに店の中に入って、思わず息を呑んだ。「すばらしい！」の一言につきた。店自体は小さくて三畳くらいしかないかもしれない。その半分は机や絵がしまってある引き出しや棚があるので、絵が展示されているところはごくわずかしかない。しかも、かなり大きな絵ばかりなので四、五枚しかない。しかし、そのどれを見ても力作なのが素人の私でも分かる。ほとんどが仏教画なのだ。

「すばらしいですね」

「どうですか、一枚？」

パタンには絵を買いに来たわけではない。美しい町、ネワールの芸術、建築を見に来たのだ。

「すばらしいけど、こんな大きな絵、私の家は小さいからとても飾れません」

「小さいのもありますよ」

そう言うと、カウンターの後にある引き出しの中から、ぐるぐる巻かれた絵を持ち出してきた。小さいのもまたすばらしい。

このような宗教画は伝統的というが、どれも非常に似ている。つまり、同じテーマの絵を、同じような形式、同じような絵付けで描いている。

「ボクの家では、ここの所をこういう風にちょっと変えることが許されていて、それをずっと守っているんですよ。他の家ではそれを真似ることはできない」

つまり、それぞれの店の絵は似ているようでも全く同じではなく、ある家系によって許されることと許されないことがあるらしい。それは、その家のなかで想像力にすぐれた絵師が生まれると、新しいことを伝統的な絵に組み入れて、それを続けて描いていいかどうかの許可を、ダライラマから取らなければならないのだそうだ。その許可はその家族だけに与えられるもので、他の家族はそれを真似てはならないのだという。そして、それによって、絵師として上手、下手が決まるらしい。それは我々よそ者には容易には分からないことかもしれない。

「ボクの兄貴はチトラカールよりもずっとすぐれている絵師なんだよ。次から次へと新しいことを創作していくんだ」

「そのお兄さんはここにいるの？」

「いや、兄貴はインドでたくさん仕事があるので、インドで描いているよ。だからボクがこの店で、兄貴の指導の元で描いているんだ。でも確かに兄貴の方が上手だよ」

そういうと、ごそごそと、引き出しの中から一枚の絵を取り出してきた。

「この絵、最近ダライラマからの許可を得たばかりなんだよ。すばらしいだろう？」

「ほら、これが最近
ダライラマの許可を
得た絵ですよ。見て
下さい」

パタンで見る絵は
ほとんどが仏教画

確かにすばらしいには相違ないが、素人の私にはどこがどうすばらしいか分からない。

「これは売り物じゃないんだ。とても高くて誰も買えないよ。だけど、写真は取らせてあげるよ。写真を撮ったら？」

そう言って、その絵を高く掲げてくれた。私は、カメラをカバンの中から出して撮らせてもらった。

話ははずんで、彼は引き出しを何度も開けたり閉めたりして、大きい絵や高価な絵などを次々に出してきた。私はその店に三時間ぐらいいたのではないだろうか。店を出た時には、もう他の店に行く時間もエネルギーもなく、結局そのままバスに乗ってホテルに帰ってきてしまった。

▼渡り鳥古都の町とも知らずして

南端の町　ジャナックプル

ネパールは小さい国のようだが、広い。そして、いろいろな顔を持っている。ジャナックプルは、ネパールの南部地域を代表する都市である。ネパールは北部にはヒマラヤの山々あり、南部には帯状の亜熱帯地方もあり、なのだ。

ジャナックプルは亜熱帯地方で一番インドに近く、インドの影響を最も受けている町でもあり、文化は最も発達しているとも考えられている。歴史的にも古い。

歴史を遡れば、まだインドとの境界がなかった頃、ミティーラ王国が治めていて、その頃ヒンドゥー教のバイブルと言われる「ラマヤナ物語」がその地域で生まれた。そして、そのラマヤナ物語の主人公ラマの妻として嫁いだのが、ミティーラ王の娘シタで、シタはこのジャナックプルで生まれ、ラマとの結婚式がここで行われたというのである。とはいえ、ラマヤナ物語が歴史的事実として存在したと言われるのは紀元前七世紀の頃で、その後、十四世紀頃イスラム教が侵入してきてから町は廃れてしまい、近隣地区は荒れ放題になり、森や林に変わってしまった。

十七世紀になって、グル・ラマナンダが、シタ・ラマ信仰を新たにしたいと、王宮やシタの家族の者を祀っているいくつもの寺や結婚式をあげた寺などを新たに建てると、ジャナックプルは聖なる町に生まれ代わり、巡礼者が多く訪れるようになったといわれている。

ジャナックプルの人たちは、ここがラマヤナ物語の発祥地であり、主人公シタの生まれ故郷であり、シタとラマの結婚式が行われた古都だったということを非常に誇りに思っている。自分たちの町が観光に頼っているという点では、カトマンドゥをよく研究し、カトマンドゥのようにならないように気を付けているのだと胸を張る。カトマンドゥは観光に対してきちんとした政策がなく、道路混雑、空気汚染、交通渋滞など、観光地の持つ問題をそのまま抱え込んでいる。ジャナックプルの人たちは、こうしたカトマンドゥの二の舞いにならないよう気を付けているという。たとえば、町の中心部にはタクシーやオートバイやモーターを使う乗り物の乗り入れを許可しないというのも一つの方策なのだ。

カトマンドゥからジャナックプルまでは、距離的にはそんなに遠くはないのだが、今のところでは、バスで行くと十二、三時間かかる。日本の援助で現在建設中のシンドウリ・ハイウェイはこの近くを通る。この道路が完成すると七、八時間に短縮される。

しかし飛行機だと二十五分もかからない。それにしてもエアポートがあまりに小さいのに驚く。飛行機から降りると、そのまま外に出られるのだ。日本の片田舎の無人駅みたいだ。ホテルの広告看板が飛行場の前に一つだけあった。「インターナショナルホテル MANAKI」とある。そこへ行くことにしたが、タクシーはないのでリクシャーでホテルへ向かった。

そのホテルは見た目にはすばらしかった。それに、国連の高等弁務官事務所もあると書いてあるので、すっかり安心してそのホテルに泊ることに決めた。空室はたった一つしかなく、それもデラックスだという。値段は一千ルピー（千百四十三円）。

デラックスのはずなのに、床の汚ないこと！　ホテルが作られた時の最初の薄いカーペットがそのままになっているように見える。とても薄くて、あちこち切れていて、下のコンクリートが丸見えなのだ。残っている端切れのようなカーペットも汚れている。一度も洗濯したことがないのが良く分かる。とても裸足などでなど歩けるものではない。エアコンはないし、天井にある扇風機も古くてうるさい。シーツも、薄いグレイのシーツが一枚敷いてあるだけで、かける方のシーツはない。かけるのは汚いシミのついた毛布が一枚。テレビはあるものの、リモコンなどもちろんなくて、英語のチャンネルが一つもない。バスルームはまああのサイズだったが、湯沸かし器が壊れていてお湯が出ず、冷水のシャワーを浴びなければならなかった。ドアの鍵が壊れているのに無理矢理使っているので、開け閉めには特別なコツがあるらしい。そんなこととは知らず、中に閉じ込められてしまった。というような具合だった。いやはや。

ジャナックプルはネパールの南端にある最大の町であり、またインドに最も近いので行き来が多いと聞く。他の町と比べて特別の違いがあるのかどうか知りたかった。しかし、ゴミが多いのも、つばをペッペと吐くのも、食べ物も着ている洋服も何も変っていない。あえて言うなら、ここにはモンゴル系の顔の人が一人もいないということ。それと、白人やアジア人の観光客に会わなかった。それに車も少なかった。タクシーは一台もない。

カトマンドゥは西洋の観光客を呼び寄せようと努力し、ジャナックプルはインド人の観光客を呼び寄せようとしているのだという。そして、ジャナックプルは、カトマンドゥのように、交通事情が悪くならないように気を付けている。だからタクシーは一台も入れないようにしているのだ。

それにしても道路上の穴と牛のウンチが多い。だから安心して歩ける所もあまりない。リクシャーを使った方が安全だ。でもそのリクシャーもずるがしこい。観光客が多いから、狎れているのだ。だからガードマンを間に入れて値段の交渉をするのがいいとホテルマンに言われた。

ただ、そのガードマンがチップを要求するのだから、結局は同じことなのだ。

私の訪れた七月はオフシーズンなので、観光客は少ないと言われていたが、それでも大型バス二台が狭い道路に停まっていた。インドからの旅行者にはオフシーズンなどないのだろう。

シタが祀られている寺院を見学した時のことである。どこでも見られる光景だが、入口で花を売っている人たちがいた。ついつい誘いにのって、二十ルピー（二十三円）の花を買った。両手に一杯になるくらいあった。それを持って歩き始めたが、その花をどこにあげたら良いのか分からず、うろうろしていた。もう一つ境内があるのに気づいて、そちらの方に行こうとしたが、そこへ行くには門をくぐらなければならず、その門は一人ずつしか通れない。私は、向こうから来る人たちの群れが引くのを待っていた。

気がつくと、門の通りの真ん中に牛の糞がぽってりと落ちているではないか。でも人々はうまくその糞をよけて通ってくる。どうして誰もきれいにしないのだろうか、私も踏まないように気をつけなきゃなどと考えていたその瞬間、足にまでしゃらしゃら音のする飾りを付けて着飾った花嫁のような美しい女性が牛の糞を踏んでしまった。小さい声で、「きゃー」とは言ったが、付き添いの人たちは何も言わない。私ももう少しで大きな声で叫ぶところであったが、じっとこらえるのが大変だった。そのてんやわんやの一群が通り過ぎた後、踏まないように気をつけながら、向こう側の境内に入った。でも何のことはなかった。ただ金色の二頭のライオン像に守られた檻のようなものがあるだけなのだ。ほとんどの人はその檻の中をのぞいて、お

ラマとシタの結婚シーンを展示

現代の若者もシタをさがして
寺を訪れる

宿泊したインターナショナル
ホテルMANAKI

祈りをするしぐさをしてそのまま去って行く。

境内では、二人の女性が頼みもしないのに親切に私を案内し始めた。ＵＮＤＰ（United Nations Development Bank）の支店がジャナックプルにできて、二人はカトマンドゥから送られてそこで働いているという。一人が私に、スリッパを脱いでその檻の中に入れという。檻の中にあるのはシタの面で、これから結婚しようとする女性たちは好運を願うために必ずシタの面にお祈りに来るのだという。牛の糞を踏んだ花嫁らしき女性も、結婚式の前に祈りに来たのだろう。

その檻の側に広い入口があり、檻の後の方に廻れるようになっている。押されるままに裏に廻ると本当に檻があったのだ。その檻の中には金色の大きな面があり、その回りを幾重にも花の輪で飾ってある。おそらくその面が、十七世紀に発見された、シタがこの町で生まれたことの証拠になったという面なのだろう。寺の門の入口で売っている花はここに捧げるためのものだったのかもしれない。金色の面の側には、オレンジ色の衣を身につけたサデュ（ヒンドゥー教の聖人）らしき人が座っていて、あたかもその面を守っているようだ。そこに近づくには天井が低いので膝をついて進まなければならない。やっと近づくと、手に持っていた花でその面を飾るようにとサデュからの指図があり、後ろから着いて来た二人が祈りなさいというので、私は前の人がやったように額を地面につけて祈った。頭をあげると、サデュは私の額に赤い色でテカを塗った。私はそのサデュにも感謝のお祈りをし、雨のしとしと降る外の世界へ出て来た。すべらないように、牛の糞を踏まないようにと気をつけながらゆっくりゆっくり歩き、やっとリクシャーのおじさんを見つけた時はホッとしたのである。

「朝六時頃、ガンガサガー（沐浴池）で若い女性が水を浴びる姿は何とも言えない」と *Nepal Rough Guide* という旅行案内書に書いてある。その言葉に誘われて朝早く出かけてみた。その池はホテルのすぐそばにあった。

目を上げた時の景色のすばらしいこと。しかし目を下に向ければ、新しい牛の糞の山がぽってり、ぽってり。それればかりではない。犬の糞も。そして、人間も近くの垣根の側でお尻をまる出しにして負けずに糞を落としている。

ガンガサガーの方に目をやれば、水は緑色。隅々はゴミの山。女人がサリー姿で水浴びをしているなんてとんでもない。洗濯する女はいたけれど。でも、水に入ってお祈りをしている男性はいた。たった一人。長い間水に入ったまま手を合わせていた。しばらくして、もう一人の、今度はちょっと太っちょの男性がちょっと泳ぎ、その後、同じように太陽に向かって手を合わせた。ちょうど太陽が雲の切れ目から顔を出したのだ。太陽がすっかり見えたところでお祈りを止め、太っちょの方は石鹸で顔と身体を洗い、その汚い池の水で洗い落として洋服に着替え、さっさと立ち去ってしまった。痩せている方は、まず身体をきれいに拭いて着替えた。私がそばにいても全然眼中にないようだ。それから、今まで自分が着ていたものを洗濯し始めた。

ジャナックプルは祭りの町でもある。最大の祭りはラマ王子とシタ王女の結婚式で五日間も続く。それにラマ王子とシタ王女の両親、家族の者たちの誕生日や記念日などのお祭りもある。

そのたびに大勢の巡礼客がインドから訪れる。*Nepal Rough Guide* を書いた著者はそのような祭りの時に見た光景をえがいたのだのだろう。そのようなヒンドゥー教の祭りの時には全く異なる風景が繰り広げられるのであろうと想像するしかない。たまたま私が訪れた時は、祭りが一つもなかったので非常に残念だった。

ミティラ (maithili) アートの村を訪問した。ここまできて、そのアートを見ないで帰るわけにはいかない。このアートは四〇〇〇年も前から、つまりミティラ王国の時代から続いているという、ごく普通の村人たちが始めたアートで、単に祭りや結婚式の飾付けのための金がないので、絵を描いて飾りに代えたのが始まりらしい。イギリスの植民地時代、一九三四年にこの地方を大地震が襲ったとき、被害調査に来た英国人行政官がそれを発見し、それから世界に広まるようになった。

今は、Janakpur Women's Development Center というセンターが作られ、ドイツのNGO、UNESCO、日本のJICAなどが入って世界に広めるべく活動しているだけあって、建物も立派である。世界に名が知れわたったミティラアートばかりでなく、焼き物、織物等の他のアートも奨励保護されている。一番力を入れているのはドイツのようで、オフィスに飾ってあった若いカップルの額入りの写真が印象的だった。昔は、結婚式や、祝い事に絵を描いて家などを飾り付け、行事が終ったら、自然に消えてしまっていたアートであったが、今は強い紙を使い、簡単に消えない絵の具を使うことによって、長く保つことができるアートとしてド

たったひとり水につかってお祈り

Janakpur Women's Development Centerで絵を描く女性たち

ミティラアートの村の道を歩く村人たち

イツのカップルが進めてきた。

まわりの田園風景がすばらしい。サリーをきた女性たちが田植えをしている。私には、昔の日本を思い出させる原風景であった。

この村に着くまでの村道はコンクリートで出来ていて、ジャナックプルの町中よりしっかり舗装されていて、穴ぼこ一つない。コンクリートの道路上が真っ平らなのだ。それが非常に印象的だった。

村のすばらしい道とは対照的に、町の中の道路状態はひどい。リクシャーだけが通れて、他の車は通れないほどだ。折しも雨が降ったばかりで、あちこちに大きな穴があいていて水がたまり、ぬかるみもすごかった。私の乗っていたリクシャーもぬかるみにはまってしまい、にっちもさっちもいかなくなり、結局、降りて歩かされるはめになってしまったのだ。

センターの所長さんにこの道路のことを話した。彼は半分口惜しそうに言った。

「あの道はずっと前に作られたんですよ。だからしっかり作られている。今の政治家は道路を作るためのお金をもらっても、自分のポケットに入れることばかり考えている。側の者が意見を言うと、その口を塞ぐために賄賂をやり、それを見ていた者が何か言うと、また口を塞ぐためにと金をつかませる。結局は皆で分けてしまって、道路の修理までお金が回ってこないんです。仮に回ってきたとしても予算よりはずっと少ないから、気休め的な仕事で、始めてもしっかり最後までやるということはないんです。全く困ったものです。今のネパールは上の者から下の者までみんなそうなんです。だから町の道はいつも最悪状態です」

何だか、聞いてはいけないことを聞いてしまったような気がして申し訳なかった。本当はそうではない、すばらしく世界に羽ばたいているミティラアートについて聞きにきただけだったのに。しかし、市民の本音が聞けたような気がした。

▼春風やシタ結ばれし古き町

▼稲田行くサリーの群れのエレガンス

第2章　ネパールといえばヒマラヤ

ナガルコットへのトレッキング

ネパールに行く目的を聞かれれば、「ヒマラヤ」と答えるのがほとんどだろう。私もそうだった。ヒマラヤ登山の野望までは持たなくても、あの神々しい、剛健な姿を、自分の目で確かめたい。

私はそんな山々は、ネパールに行きさえすれば、いつでもどこでも見られると思っていた。しかしそれは大きな間違いだったことが分かった。やはり山には季節差があったのだ。二〇〇八年、最初にネパールを訪れた時は八月で、山には靄がかかり、遠くの山は見えなかった。しかし、観光業を営むネパール人にとっては、それははっきり言いたくないことだ。山はいつでもそこにあるし、運が良ければ季節には関係なく見える時もあるし、運が悪ければ季節が良くても見られない時もあると答えるのが常識らしい。

私のガイドのミランもそのように答えた。山が目的でせっかくネパールに来たものの、季節はずれだということが分かって、急遽、ヒンドゥー寺の巡礼に来たグルの影響で、私も仏教徒のはしくれとしてルンビニを訪れようとした。だがそれもマオイストの妨害の恐れがあるので取り止めにしなければならず、カトマンドゥ近辺のトレッキングを提案されて、それは良い考えと飛びついたというわけなのだ。考えてみれば、ネパールはすばらしい山のある景色を眺めながらできるトレッキングも観光の目玉にしているのではないか。ある意味では登山というより、トレッキングを選ぶ人が多い。エベレストの頂上を目指すより、エベレストのベースキャンプまでトレッキングというのは、非常にポピュラーなコースのようだ。

今回ミランが私のために選んでくれたルートも非常にポピュラーらしい。何しろカトマンドゥから近いし、そんなに山深くないから、大げさな登山の準備などもしなくていい。靴もスニーカーで充分という。歩く距離は三十二キロ。目指す目的地はナガルコット。「ヒマラヤの展望台」と言われ、天気がよければエベレスト、ランタン・ジュガール、アンナプルナの山々が見渡せるはずだという。

予定としては、一日かけてその目的地までトレッキングをし、そこで一泊、翌日はホテルの車で、カトマンドゥへ行く途中にある観光地として有名なドゥリケルを訪れ、そこで一泊。翌日カトマンドゥに戻るという二泊三日の旅を計画してくれたのである。

いよいよそのトレッキングの日が来た。朝六時、用意をしていたら停電。大体停電の時間は終わっていたからよかったが、懐中電灯がまた役にたった。懐中電灯のもとで荷造りを終らせ下に降りて行く。真っ暗。クリシュナが椅子に寝ていた。昼間は客用の椅子、夜はクリシュナのベッドか。六時半になっても約束した車が来ない。その間に二回クリシュナの携帯電話が鳴ったけれど、彼は起きない。

六時四十分にガイドが来ていよいよ出発。朝靄のかかったカトマンドゥをミニバスに乗って出る。途中ゴミを集めるトラックにあったが、ゴミトラックが動いているということは、町の角々に山となったゴミはいつかはきれいになるということだ。途中、まずガソリンスタンドが開くのを待つオートバイの行列が目につく。二〇〇八年のネパールでは停電は頻繁にあり、ガソリンも灯油もなく大変な年であった。この人たちは一晩中そうやって並んでいたのだろうか。また少し行くと、今度は料理に使う灯油を買う行列だ。一ガロンのプラスチックボトルをぴったりくっつけて列を作って待っている。

「今乗っている車、どうしたの？」と聞いた。この前に会った時にはオートバイだった。

「借りたんだよ」

「じゃ、ガソリンはどうしたの？　あんな風に並んで買ったの？」

「いや、いや。そんな時間はボクらにはないよ。闇で買ったんだ。高いけどあることはあるんですよ」

約一時間ほどして、サンキュウというところでミニバスを降り、そこから歩く。サンキュウという町は、昔はチベットの首都ラサとカトマンドゥの間のマーケットの町として盛んだったらしい。でも今はすべてのトラックはカトマンドゥに直行するようになったので、サンキュウはだんだんすたれてしまった。

そこからナガルコットまで歩く。道程は三十二キロとそんなに長くはない。町の周りは畑。ほとんどじゃがいもを栽培している。途中の景色は段々畑。行程はきつくな

トレッキングを始める前の朝ごはん

ジャガイモ植えに精を出す村人たち

く、ほとんどなだらかで、サンキュウの町を出ると、あぜ道のような所を通過していく。畑で働いている人たちに、「ナマステ」と声をかけたりして、トレッキングはのんびり始まった。

途中にあった小川にさしかかった時には、祭りの時のわらの身代わり人形が、流れないで川のゴミと一緒になってひっかかったままになっている光景を目にした。はるかな歴史を遡ったようであった。

やがて、なだらかな道は登り坂になり、「こんなの何でもない」と思っていた私は息が苦しくなってきて、一息つきたいと思った。しかし、ミランは何も言わない。休みたいと思った瞬間、掘っ建て小屋のような茶屋が目に入ってきた。

「お茶屋さんよ、少し休みましょうよ」と私はさっそく誘った。

「お茶はいかがですか？　休んでいってください」

店の前に立っている若い青年は、愛想よく声をかけてきた。通行人には皆声をかけるのだろうが、通行人は私とミランしかいない。

「ここをのがすと後はしばらく茶屋はありませんよ」

と言うので、お茶を飲むことにした。足を休めるちょうどいい機会でもある。お茶にコーヒーの粉がちょっと混ざった、インスタントコーヒー茶のようなものが出てきた。これは初めてだったが、砂糖がはいっているせいか、まああいける。しばらく歩いた後だったので、おいしく感じたのかもしれない。

「おいしい！」と、つい叫んでしまった。

店主は、うれしそうに笑って話し始めた。話したくて仕方がなかったようだ。

「この茶店はね、ボクがシンガポールのホテルで二年間働いて、その時にためたお金で建てたんだよ。不法滞在だったけど」

「不法滞在？」

聞き捨てならない。

「そう。だから、つかまって、強制送還されてしまったんだ」

全然悪びれた様子はない。

「二年間では、こんなのしか建てられなかったけど、また働きたいなあ。もっとお金をかせぎたいなあ。シンガポールが駄目なら、どこか他の国へ行きたいなあ」などと言う。

ネパールには若者の仕事がない。工場らしいものがどこへ行っても見当らない。若者は外国に出稼ぎに出るしかないのだ。その数がすごい。一九九〇年代の統計では二十五万人だが、この若者のように統計にのらない出稼ぎ人も数多いと聞く。もしかしたら、その方が多いかもしれない。そんな若者が稼いでくる外貨で、ネパール国は成り立っているみたいだ。

世界銀行の調査によると、二〇〇七年にネパールが出稼ぎで稼いだ外貨は十六億ドルだという。その金額も統計にのる金額であって、この青年のように統計にのらないで国に持ち帰るネパール人もたくさんいるのだろう。このような人たちがネパールの経済を助けているのだ。この若者も希望通りに、またそんな機会にめぐりあえれば良いと思ってしまう。出来るなら、この次は正式な手続きをふんで行ってくれれば良いのだが、なかなか難しいのだろう。

道はだんだん登り坂になり、歩くのが大変になってきた。どこから見ても緑の段々畑は見事であるが、歩いて行く方向に見えるはずのヒマラヤの山々は一向に見えてこない。道は確かに山の頂上へと向かっているが、舗装などしていない。大小の石がごろごろしていて、その上を歩くのは楽ではない。それに、たまに通過するトラックの巻き上げる砂埃もよけるのが大変だ。あまり道の端によると谷に落ちてしまう。あの茶屋の青年が言ったように、茶屋らしきものは、それから一軒もなかった。右も左も断崖絶壁の尾根道なのだ。

山の頂きの方に延びて行く道をたどっていくうちに、小さな村らしい所に出た。山の頂きに、猫のひたいほどの平地があり、家が何軒か建っている。そして人間もいる。そこからの眺めがすごかった。二〇〇度位見渡せる。無数にある丘のてっぺんまで続く段々畑の緑を見ていると、この国が世界でも最貧困に属するなどということは信じられない。

我々が到着した丘の頂上で、もうこれ以上は登れないというところに茶屋らしい建物があった。建物は意外と広々としている。どこから来たのか、おじいさんが二、三人、何かを飲みながらおしゃべりをしていた。

その茶店には、「レストラン・ナガルコット」と看板がかかっていた。そこで私はお茶を注文したが、ミランはビールを頼んだ。ちょっとなめさせてもらったが、ビールにしてはアルコールが非常に強い。地場ビールでおいしいので有名なのだそうだ。私には全然分からなかったが。

途中の景色は確かにすばらしかった。どこまで行っても緑の段々畑。それだけ見ても、ネパールには平らなところがあまりないと分かる。その畑は水田ではないだろうから、「田毎の月」は見られないかも知れないけれど、もし見られたら、すごい絶景だろうと想像できる。

ガイドのミランは話好きだ。歩きながらしゃべること、しゃべること。家族のこと、自分のこと、自分の夢のこと。景色なんてあまり見ていない。彼にとっては、あまりにも見慣れている景色なので、見なくても分かっている山川なのだ。

彼のように、ホテルのマネジャーをしたり、旅行のガイドをしたりすれば、外国人に会う機会もたくさんあり、話もいろいろ聞く機会があるのだろう。

あるフランス人が一緒にビジネスをやろうと言ってきたのだという。そのフランス人はお父さんを突然飛行機事故でなくし、急にお金が入ったので五億ドルもするような家を買い、それから毎年ネパールに来るようになった。ネパールに来る理由は麻薬。四十代の半ばなのに、いまだに結婚していないし、来るたびに違う若いガールフレンドを連れて来るのが気に食わないから、お金を出すと言われても自分はオーケーしないんだと言う。でも来るたびに子供たちにと七百ドルぐらい置いていくそうだ。

日本人でサイトウという人も毎年来る。この人はリラックスするために来る。今五十一歳で、ワイフが三人いる。一番目のワイフは日本人で子供が一人。二番目のワイフはアメリカ人で子供二人。三番目のワイフは日本人でまだ二十八歳と若く子供が一人。三人のワイフたちはお互いに全然知らないのだ。サイトウさんは五十一歳になって、そろそろ退職したいのだが、この三人のワイフと四人の子供をどうしたら良いのか分からず、心が休まらないので、ネパールに来るのだそうだ。ミランは、そういう複雑な人生の持ち主がネパールに来るたびに、話の相手になってあげているようだ。

そんな話を聞きながら、とうとう目的地のナガルコットに着いた。最後の百メートルが大変だった。結局三十二キロのトレッキングは私の足で七時間もかかってしまった。ミランは私の歩調に合わせ、実にゆっくり歩いてくれた。海抜二千百七十五メートルのナガルコットに着いたのは、午後五時であった。

運が良ければ、ここから西側にエベレスト山の頂上が見え、東側にカンチェンジュンガが見え、その手前には、ガンガヒマール、ランタンリルング、シシパングマドルジェラクバガ、ウリシャンカーなどの七千、八千メートル級の山々が眼前に見えるはずなのだ。

しかし、その日は見えなかった。ナガルコットに着いてすぐ、ミランは小さな店に入ると、それらの連山の写っている写真を買ってだまって私に渡した。

「見えなくてごめん。本当なら、こんなにすばらしい景色が眺められるはずだったんだよ」と言っているみたいだった。

私はニコリと笑ってだまって受け取った。

ナガルコットは日本人が好んで来るところらしい。

「あのホテルのオーナーは、日本人だよ。ネパール人と結婚したんだ」

ある大きなホテルを通過した時、ミランが教えてくれた。確かに、他のホテルよりはがっしり建てられているように見える。門構えも立派な作りだ。多分日本人の観光客はほとんどそのホテルに泊るのだろう。

日本人の旅行者らしい若いカップルを見かけた。男性の方は頭はアフロスタイルで顔は青白く痩せている。女性の方は普通の髪の毛で長い。やっぱり色白。日本人はやっぱり色の白いので目立つ。二人とも白っぽいガウンのような洋服を着ている。「旅行者かしら」とミランに聞いたら、「多分どこかに行って、マリファナかなんか吸ってから帰って来るつもりなんだろう」と言う。そうかも。ネパールでは麻薬が簡単に手に入るらしい。

マウントビューホテルが私の泊るホテル。これもチベット人が持ち主。

案内された部屋はかなり広い部屋で一人ではもったいないような広さだったのでホッとした。

荷物を置くとすぐ、イギリス式にお茶が用意されていて、お茶を飲んだ後はすぐ日没を見るために屋上に上がる。四人のドイツ人、二人のアメリカ人がすでにいた。日没を見に行ったのに、反対側の方に、白い山々の尖った先だけが、ピンクになって浮かんで見える。全然期待していなかったので、私は興奮して何枚も写真にとった。「山を見た！」という感じだった。

やがて、ピンクに浮かんだ山は、日が沈むにつれて、だんだん見えなくなってしまったが、そんな日没を見ながら、ミランが言った。

「我々は日没のようだね」

「どういう意味？」

「我々は日没の太陽のように、一分、一分死に近づいているんだね」

そんなことをしんみりと言う。

「あなたは三十歳の若さなのに、年寄りのようなことを言うのね。未来のことも、過去のことも考えず、今を大切にして大いにエンジョイして生きる方が良いんじゃないの」と言ってしまった。

「ハーイ、マーム」と、意外に素直だった。


その日は、ネパールの選挙が可能になるかどうか決まる日だった。ミランは時々カトマンドゥにいる友達に電話していたが、夕方、政府派と反対派の交渉がうまくいったというニュースが入った。彼は有頂天になり、屋上にいた人たちに誰彼かまわず話しかけていた。

「交渉がうまくいったんですよ。これで選挙が可能になったんですよ、私の商売もこれでうまく続けていけるんですよ」

よっぽどうれしかったのだろう。

ミランはマオイストではない。サポートもしていない。けれども、政府の態度、政策がしっかりしていないと、自分の商売がうまくいかなくなるのだ。

五時半にセットしてあった目覚ましに起こされて、日の出を待つ。外は薄暗く、全然日の出の様子はなかったが、散歩をしているうちに太陽はあがってくるかもと言うので、三十分ぐら

途中の景色は段々畑

道端で足を休める

ナガルコットの日の出

い歩いたが、やっぱり太陽は上ってこない。うっすらと赤くはなっているが、太陽はなかなか顔を出してくれない。しかし、右手の空の上に半月があり、朝靄のかかった山の世界を見るのもまんざらではなかった。

やがて太陽は朝靄の中から現れた。濃いオレンジで、くっきりとまん丸く、親しみのある太陽だった。ただそれだけだった。屋上には、夕べいた人たちが五、六人群がっていたが、太陽がだんだん上がり始めると、一人去り、二人去りして、やがて屋上には私とミランだけになってしまった。夕べ見えていたピンクの山々は全然見えなかった。屋上に上がって見えない白い山を見つめながらミランは話し始めた。

「夕べの言葉、今に生きるという言葉、身にしみて感じたよ。これからはあんまり将来のことなんか心配しないで今に生きる事にしたんだ」と神妙に言う。

「そう、そう、そうすべきよ」などと私も調子を合わせていたが、それから、まるで朝の日の出への期待はずれを埋め合わせるように、ミランは自分のことを話し始めた。ミランは話し好きだ。

▼田鋤きてじゃがいも植えつ客待てり

▼ヒマラヤの虹は山をも抱きたり

ガイドの青年ミランの夢

ミランの両親は六十一歳。ミランは三十一歳。ミランは話好きで、自分のことばかりでなく、親のこと、子供のこと、何でも話すのが好きだ。もしかしたら、私とでは他に話題がなくて困ってのことかもしれない。

「貴方は、お母さんは、お母さんは、って、お母さんがとってもいい人だということは話すけど、お父さんはという言葉を一度も聞かなかったけど……」と言ったら、

「親父は、自分が小さい時からお酒を飲んでは母をなぐったり、子供たちをなぐったり、どなったり、たいへんだったんだよ」としんみり話し始めた。

「これは、親父に殴られた傷跡なんだ」

そう言って、額の傷を見せてくれた。

母親は、どんなにどなられてもなぐられても、じっと我慢して子供たちを守った。ミランが高校を卒業したとき、母親はそれまでためておいた一万ルピーを渡して、言った。

「これを持って、カトマンドゥに行って、自分で学校を見つけて勉強しなさい」

ミランは家を出てカトマンドゥに来て、自分の大学をさがし、そこに通い、働きながら勉強

した。自分よりももっと金持ちの友達と同じ部屋に同居するようになって、その友達が時々食べさせてくれたりして助けてくれた。

そんな風にして一年が過ぎた。村の大きなお祭りがある時に初めて家に帰って、一人の女性にめぐり合った。そのひとは、村の近辺にあるカレッジで勉強していて、遠くから見ただけでミランは一目惚れし、すぐ家に帰ってお母さんに話した。その女の子は自分たちより下の階級だが、両親はうまくいっていてやさしいし、環境もずっといい所で育っているから、結婚するのに自分は全然反対しない、と母は言った。父親は、酒を飲み、麻薬も吸っていたので、判断が出来なかったが、何でもオーケーと言ったそうだ。それで、その場で結婚式をあげ、カトマンドゥに二人で来た。

妻になった女性は一つ下のカーストで、仏教徒だった。でも、ミランはお母さんと同じく、カーストから抜け出たいと思ってカトマンドゥに来た。カトマンドゥに来て、カトマンドゥの大学に入れば、村できびしく守られているカースト制度から自然に逃れられると思ったのだ。お母さんは、カーストから抜け出たいと思っても、村を出ることはできなかったから、せめて自分の息子をと思ったに違いない。

お母さんの妹の旦那さんという人がカトマンドゥでポリスチーフとして働いていたから、その人たちが彼らの世話をしてくれた。お金も二万ルピー（二万二千八百五十七円）くれたので新居を構えることが出来た。二人はアルバイトをしながら大学を卒業し、ミランは旅行会社の仕事を続けた。そのうち子供が出来たので、妻はそのまま家に居て子供の世話に専念した。大

ミランは私の荷物を
持ち、農婦はわらを
かついで

足の遅い私を待つ
ミラン

屋上から眺めな
がらミランの夢
を聞く

学を卒業するまでには旅行者がくれたチップをためて三千ドル（二十四万円）になっていた。

その頃ミランの母が病気になった。畑を売って手術代を作ると同時に、あまったお金二万ルピーをカトマンドゥに持ってきて、ためておいた三千ドルと合わせて今の商売を始めたと言う。

ミランは、本当は、大学卒業後は社会の為に良いことをしたいので、軍隊の病院で働きたかったのだが、自分のカーストが低い上に、軍隊で知っている人がいなかったため入れず、今の仕事をすることになったのだと言う。

今の商売というのは、安宿のマネジャーの仕事で、建物は借りて、それをホテルとして経営するという仕事なのだ。同時に旅行者のガイドのようなこともしている。しかし、自分で旅行会社を持っているわけではないので、飛行機の切符の手配などをして委託料をもらいながらやっている。オートバイも今年やっとローンを払い終わって自分の物になったから、六ヵ月前に車を買ったが、今はまだ銀行の物。二年で払い終わる予定だ。四年使った中古で、六千ドル（四十八万円）。銀行からお金をかりると十三％の利子を払わなければならない。もし、自分がカトマンドゥに不動産を持っていれば六％ですむが、持っていないと十三％。お金を銀行に預ければ三％の利子。今乗っているのはインド製で二千ドル（十六万円）。本当は、韓国のセントラが買いたかったが、八千ドル（六十四万円）もするので今のまま我慢することにした。ホンダとかトヨタとか日本製を買おうとすれば、まず政府の役人とかでなければ手に入らない。手に入るとしても、直接ここには入らないでインド経由になるからインドでの値段の倍と考えれば間違い無い。もしホンダのＣＲＶを買おうとしたらまず五万ドル（四百万円）以下では買えないだろうと言う。今の車を払い終わるのが五年先。
それまでその車は持つだろうか。何しろ道路ががたがた道だから、車もすぐがたがくるのではないか。平らなところを走っていてもガタガタしているのに。

ミランの夢は、さしあたり誰か五千ドル（四十万円）持っている外国人と組んで旅行会社を作ることだ。会社を作れば銀行からお金を借りることが出来る。それで、小さな五、六部屋ぐらいの家庭的なゲストハウスを作る。そしてお金を作り、自分のビレッジに自分が通った学校を新しくしたい。それから、その村で助けの必要な人を助けてあげたい。そうすれば、自分はいつまでも人々の心に生き、死ぬことはない。自分はそういう風に社会のために役に立つことをしたいんだと言う。もうすでに、何人もの村人たちを呼んで、仕事を手伝ってもらっている。

子供たちに対しては、こう言う。
「子供に対する夢とか希望はない。子供がなりたいものになれば良いし、自分はその手伝いをするだけ。今のところ、長女は医者になりたいと言ってるけど、医者になるにはお金がかかるから、自分はそれだけの経済力はないと思うよ。長男は今九歳で、ポリスになりたいと言ってる。それは可能だろう。兵隊になって、戦うのでなければ賛成だ」

ミラン自身はまだ三十一歳。それなのに、自分のことばかりでなく、子供二人の教育にも責任をもたなければならないなんて、随分任務が大きい。そして親のこともある。
時々子供たちに電話をする。そんな細かい心づかいも忘れない。

伝統文化を守る町　ドゥリケル

▼真夏にも子のためなりと働きて
▼夏の日は胡瓜を割って塩ふって

ドゥリケルは小さな町。けれどもネワールの伝統文化が守られているので有名な町でもある。カトマンドゥから三十二キロ、カトマンドゥからのトレッキングも可能な距離である。にもかかわらず、トレッキングをしている観光客が見えないのは、多分シーズンオフで山が見えないからだろう。遠方に白い山々を眺めながらのトレッキングはさぞかし気持のよいものであろうと想像がつく。

非常に古いと言われているお寺、ナラヤン寺院、バグワティ寺院を訪問。そこで、檻のように鉄錠で囲まれた中に仏陀を見た。一メートルもない小さな仏陀だ。寺の構内の真中に小さなたまり場のような所があり、七、八人の村人たちがゲームか何かを楽しんでいるようだった。小さな仏陀の像の回りは池になっている。一体どうしてこんな風にして仏陀を囲っているのだろうと、ゲームをしている人たちに聞いてみた。彼らはヒンドゥー教徒のようだ。

「雨期にはそこに水がたまり、蓮か何か浮かばせることが出来るんですよ。お祭りの時に使うんです」

「えっ、お祭りの時に仏陀の像？」

どうして？　と聞きたかったが、おそらくこの人たちは答えられないだろう。このネワール人たちはヒンドゥー教徒でもあり、仏教徒でもあるのだ。もともとは仏教徒だったが、シャハ王朝の時、王がヒンドゥー教徒だったので、仏教弾圧をさけてヒンドゥー教も取り入れた。それが、仏教を生き延びさせる手段でもあったのだ。同時に、王の方もネワール人たちの、非常に豊かで、長けている文化を弾圧せずに受け入れ利用したというのだから、賢明な支配者だったのだろう。

ここのお寺には、インドネシアで見たガルーダのようなものまであった。ガルーダは、インドで今でもポピュラーなマハーバーラタの話の中に出て来る神鳥である。ガルーダを信仰するのは、彼らがヒンドゥー教徒だからなのであろう。ネワール人は宗教に対して厳しくない。何でもオーケーというのが、こんなところにも現れている。

周りにある建物も古く、家が緻密な彫刻などで飾られているのは、昔由緒ある人の家だったのだろうか。

「もうこれしか見るものはないよ。これからどこに行く？」と運転手が聞いた。

そんなことを聞かれても、私に分かるはずがない。運転手は初めてこのドゥリケルに来たのだと言う。だから、どこに連れて行っていいのか分からないと言う。マーケットに行って、シヨッピングしてみたいと言ったが、そんなマーケットなんてないみたいだ。今泊っているホテルの裏山の頂上にゴサイタンというお寺があるみたいだが、そこには歩いてしか行けないらしい。歩いて行こうと言ったら、片道二時間かかると言う。それで、やっぱり止めることにした。前日八時間も歩いたのだから。

ホテルに帰って休むことにした。後から分かったことだが、ドゥリケルには新市街もあるのだが、私が歩いたのは古い地域だった。

ホテルに入ったとたん、マネジャーが近づいてきた。「日本人ですか？　ここには橋本という首相が来て泊ったことがあるんですよ」と言って、そのマネジャーが橋本首相と握手している写真を自慢そうに見せてくれた。一九九一年と書いてある。

日本はネパールに対してかなりの援助をしている。世界銀行、その他の国際機関以外の援助国としては、日本が最大規模の援助をしていると聞く。その援助の一つに道路建設がある。一九九一年はネパールで最長の、インドまで続く高速道路シンドウリ・ハイウエイ建設の話し合いが決まった年なのだ。その工事は二〇〇六年に始められ、二〇一四年に完成する予定なのである。

少し前までは、夜になるとマオイストが爆弾をしかけて建設中の道路を壊していたのだそうだ。でも今はマオイストが政権をとったので、そんなことはなくなり、予定通りに道路は完成するだろうという。完成すればインドまでの距離が大分短縮される。

ナラヤン寺院で時を過ごす
村人たち

乾いた池の中で祭りを待つ
仏像

ガルーダはここにも
いた！

アーユルヴェーダは
効きますよ！

海抜千五百五十メートルのドゥリケルの隣の町はパネパという。私はナガルコットからミニバスで来たが、パネパはカトマンドゥからたったの二十九キロ。そこでランチを食べた。ドゥリケルに比べてずっと大きな町で、通りも広い。その大通りはチベット、つまり中国に通じていて、今でも中国からの商人がたくさん行き交う通過町のようだ。

ランチを食べ終わって、通りに出て、さてミニバスに乗ろうとしたら、人だかりがしている。「そこに行って見てみたい」と運転手に言ったら、「いいよ」と言うので近づいてみた。運転手が人だかりをよけて私がよく見えるようにしてくれた。男が、目の前にいろいろな野草を乾かして瓶詰めにしたようなものをずらりと並べて大演説している。何を言っているのか運転手に聞くと、『アーユルベーダの薬はよく効く。それを飲んでいれば強くなる』と言っているんですよ」との答え。鉄の輪をちゃらちゃら鳴らしながら演説しているのは、その鉄の輪のように強くなると言っているのか、それとも鉄の輪でも曲げることが出来ると言っているのか……。時々、アメリカとかユーロとかいう言葉が聞こえるので聞いてみると、「アメリカやヨーロッパでは、もうたくさんの人が目覚めて、勇気を出してアーユルベーダの薬を利用しているから、皆さんも是非トライしてごらんなさい」というような宣伝だったようだ。

私が泊ったホテルは、部屋のすべてにバルコニーがついていて、天気が良ければ、目の前に、ラングタングリラング、ドルジェラクパ、ガウリシャンカール、メルングッツェ等の七千メートル級のヒマラヤの山々が眼前に見えるはずなのだ。しかし、私にはそういう運はなかったようだ。

どこへ行っても観光客は私一人。道で会う子供たちも非常にフレンドリーだ。四、五歳の小さな子供でもハロー、ハローと言って、私がハローと答えるまで言い続ける。

▼祭り待つ座像仏や柵の中

ルンビニ　希望をもたらす道

「明日ルンビニに行けそうですよ」

夕方、ドゥリケルからミニバスに乗ってカトマンドゥに着いた時、さっそくミランが言った。

「マオ党が勝ったんです。もう途中で襲われることはありませんよ」

「行けそうだって言ったって、行けないと思ってそのかわりにトレッキングにお金つかってしまったからもうお金ないですよ」

考えてみれば、私はそんなに敬虔な仏教徒ではない。どうしてもルンビニへ巡礼に行かなければならない理由は何もない。

「そんなこと言わないでください。ルンビニはすごい所なんですよ。日本人は、皆そこに行きたがります」

もうすっかり諦めていたのに、そう言われれば、再び行きたい気持がわき上がってくる。クレジットカードがあるじゃないか、とミランに言われれば何とも言えなくなる。あれよ、あれよという間に飛行機は予約され切符が手渡された。

ルンビニ行きの飛行機は、まるで玩具の飛行機ではないかと思われるくらい小さかった。思わず、「これ本当に大丈夫なんですか？」と叫んでしまった。中は窓際に一人しか座れない。そして、小柄な私でさえ立ち上がれないぐらいに天井が低いのだ。

「大丈夫ですよ。これはアメリカの軍用機なんですから。古いけど、頑丈に出来てるし、きちんと点検もしているから、落ちるなんてことはないですよ」

不安でも心配でも、飛行機のエンジンはもうかかっているのだから観念するしかない。飛行機がものすごい爆音を立てて上昇するやいなや息を呑んだ。今までどこへ行っても見られなかった白い山々が、目の前にくっきりと見えるではないか。眼前に広がる真っ白な山々に引き込まれ、息もつけないでいるうちに飛行機はルンビニに着いてしまった。

バイワラ空港に着くとすぐ、ホテルのタクシーが迎えにきていた。多分ミランが手配してくれていたのだろう。たちまちのうちにホテルに着き、さっさと手続きをすませた。まだ太陽は高い。歩いても十五分ぐらいと聞き、聖園の門まで歩いて行った。出来るならこの旅はこうして歩きたかった。

聖園のある所はもともとはゴータマシッダールタ生誕の地で、古代仏教徒の巡礼地であった。

紀元前二四九年にアショーカ王がこの地を参拝した記念に石柱を建立したほか、五世紀の中国東晋時代には求法僧、法顕も巡礼し、六三六年には玄奘三蔵が巡礼している。しかし十四世紀以後は、インド、ネパールを旋風のごとくに襲ったイスラム勢力によってルンビニは破壊され廃虚化し、落雷で倒れたアショーカ王の石柱も埋もれて人々から忘れさられていた。

しかし一八九六年、ドイツの考古学者フューラーがアショーカ王の石柱を再発見し、それから発掘が続き、一九七〇年にルンビニを巡礼、観光のセンターとして開発するための国際委員会が国連本部に設置された。一九八五年にはルンビニ開発公団が発足し、日本の建築家、丹下健三のデザインしたマスタープランに従って各国寺院の建設が進められている。それがルンビニの聖園なのだ。

広さは南北に長い三平方マイル（七・六八平方キロ）。非常に広い。聖園の入り口は一つしかないが、ホテルの近くだったので、十五分もかからないでその入り口に着いた。入り口近辺には物売りや乞食がたむろしていたが、リクシャーもずらり並んでいて、観光客が利用するのを待っている。

入り口で入場料を払って、園に入って歩き始めた。私の後を一台のリクシャーが「リクシャー？」と叫びながらついてくる。私は歩きたかったので、振り返りもせず、言葉も話せない振りをしてさっさと歩き始めた。しかし、私の後ろにぴったりくっついて離れない。

「リクシャーなんていらないんです。歩きたいんです」

「歩けないですよ。何しろ広いんですからね。歩いたら一日かかっても全部まわりきれないですよ。もう午後なんですから、すぐ日がくれてしまいますよ」

「いいんです。歩きたいんです。見られるだけでいいんですから、放っておいてください」

「安くしておくから。百五十ルピー（百七十一円）、安いだろう？　全部まわってだよ」

「安いか、高いか分からないけど、とにかく私は歩きたいんです」

これだけ言っても、私のもとから離れない。後ろから、ギーッコ、ギーッコと自転車のペダルをふんでついてくるのだからたまらない。

「それでは百五十ルピーね」とつい言ってしまった。

座席のみすぼらしいこと。中が見えるほどにビニールのカバーは破れており、砂埃で覆われている。その砂埃を、これまた灰色の手ぬぐいのような布でパッパッと払って乗るように言った。

聖園地区には、アショーカ王の石柱、マーヤー聖堂、マーヤー王妃が出産の前に入浴したというプスカリニ池とかの見学をするのであるが、私は一人で廻りたいと思っているのに、リクシャーの男が車を置いてついてくる。

「何故ついて来るの？　あなた入場料払ったの？」

「ネパール人は入場料は払わなくてもいいんですよ、エヘヘ」

うれしそうについて来る。

聖園は三平方マイルの大きさだが、その聖園を囲むようにして垣根が張り巡らされている。

聖園の入り口は一つしかなく、そこで入場料を払って中に入ると、その中に聖園地区と新たな垣根が張り巡らされていて、また入場料を払う。そこが発掘の後で、釈迦の生まれたという城址跡、仏陀の生母マーヤー夫人が出産の前に入浴したという池やアショーカ王の石柱などの昔の遺跡がある。

そこを出ると、広大な聖園に世界の仏教寺院が点在しているのである。建築中のものもある。その寺のなかで一番古いのがネパール寺でその真向かいがチベット寺。それからインド寺、中国寺、韓国寺、ドイツ寺、オーストリア寺、スリランカ寺、等と廻るのだが、確かにこれらを見るのは徒歩ではとても出来なかっただろう。それぞれの寺はそれぞれの国の特徴が良く出ていて面白かった。ある寺では、もうすでに修道僧がいたり、あるところでは、あどけない見習い小僧が走り廻っていたりした。

だんだん日が落ちてくる。全部を見るのはとても不可能と気付いて、「日本の寺は？」と聞いてみた。

「今日は駄目、駄目！」

「どうして？　ここにはないの？」

「あるけど、とても遠い。遠くて行けない」

「じゃ、このルンビニじゃないの？」

「この園の外の向こうの方にある」と言って、右手を遠くの方にかざした。

「今日はもう開いてない。明日の九時に開くから」

「でも私は明日飛行場へ行かなきゃならないんです。お願いだから、今からでも行ってちょうだい」

ここまで来て、日本の寺を見ないで帰るなんてそんな馬鹿げた話はあるまい。

「大丈夫ですよ。明日の朝早く来ますから」

何度も言うので、その言葉を信じるしかなかった。そうと知っていれば、最初に日本の寺に行けば良かった……。

そのリクシャーでホテルまで連れていってもらった。自転車は古く、なかなかスムーズに走らない。それでもお尻を上げ下げして力一杯足を踏んでいる。見ていて気の毒だった。でも話も止めない。

「オレには七人の子供がいてね」

また始まったと思ったが、だまって聞いていた。

「一番上の子が十三歳で、もう中学ですよ。お金がかかってしょうがないんですけどね。でも子供って可愛いですよね」

「じゃ、あなたは子供のために、毎日働いているの？」

「そりゃそうですよ。でもいくら働いても、働いても、暮らしは少しも良くならない。最近はますます大変になってきているような気がする。競争がはげしくなったからかなあ」

そんな話をしながら自転車を一生懸命こいでホテルに着いた。約束の百五十ルピープラスチップを払ったのだが、なかなか手を引っ込めない。「子供たちにも……」と催促している。子だくさんの苦労話を聞いてしまったのだから断れない。それに明日は特別早くに来てもらわなければならないのだから。

翌朝、リクシャーは本当に早く来た。八時。私はまだ朝食が終っていなかった。用意が出来るまで外で待っていてもらった。昨日と同じぼろぼろのリクシャーだったが、座席には洗濯したばかりの毛布が敷かれてある。私の気持がなごむようにと気を付けているのが良く分かる。私が乗るとすぐ走り出した。その日の午後は飛行機に乗らなければならないのであるから、急がなければならない。

朝の空気がすがすがしい。まるでオープンカーにでも乗っているような気分だった。朝早い道路にはまだ人の姿も車の数もまばらで、リクシャーはスイスイ走って、遠いと思った日本のお寺、日本山妙法寺にすぐに着いた。

日本のお寺は前日に見たいろいろな国のお寺に比べて、一番整っていて、完全に工事が終っているように見えた。敷地もかなり広く、掃除人が塵の一つも残すまいと丁寧に帚を動かしていた。敷地の中の大きな部分を占める白い大きな仏舎利塔が目立つ。その他に比較的小さい礼拝堂のような建物があり、さらに奥には僧たちの宿泊施設がある。礼拝堂も宿泊施設も青々と茂った木々に囲まれ、花々がきれいに咲いている。かなり前に整えられていたのだというのが分かる。

白い仏舎利塔の脇に、黒い石の墓石が立てられていて、二人の男が草むしりをしている。その辺りは草むしりをするまでもなく、特別きれいに整備されているように見える。私がその墓

飛行機の中から見える白い山々

聖園の入り口で
客待ちしている
リクシャー

リクシャーで聖園を回る

再建された
アショカ王の石柱

殺された日本人の墓

日本山妙法寺

石にかかれている字を読んでいると、リクシャーのおじさんは片言の英語で一生懸命説明しようとしている。その長い説明を要約すると、このお寺が建てられた時、そこに住んでいた人たちは立ち退きを命じられ、住民は怒って暴動を起こした。その時、ここに寺を建てるために日本から来ていたお坊さんの一人が殺された。その黒い墓石はそのお坊さんので、今は手厚く葬られているのだということだった。

仏舎利塔に登って辺りを見渡すと、いかにも平和に見える田園風景が広がる。けれども、三平方マイルもの地域を確保するのに、そこに誰も住んでいなかったわけではなかったろう。きっと誰かが住んでいて立ち退きを命じられたというのは想像がつく。人々はそれをだまって受け入れるはずはない。しかし現在は、そんな葛藤などはどこにもなかったかのように、広々とした田園風景の中に聖園が作られ、世界の仏教の巡礼地にしようという試みが続けられている。これも歴史の流れのひとこまなのだろうか。

リクシャーのおじさんは帰りも力の限りをつくして走り、時間通りにホテルに連れてきてくれた。おかげで飛行機にも乗り遅れないで無事帰ってこられたというわけである。

帰りの飛行機もあっという間にカトマンドゥに着いてしまったが、またまた白い山々を見ることができ、幸運だった。その白い山々を見ることがネパールに来た本当の目的だったのだ。求めている時には見えず、思いがけないところで目的が果たせることになった。

それにしても、ルンビニを世界の仏教の巡礼地にしようという試みは面白いなあと思った。確かにルンビニは釈迦の生誕地。それから仏教は二五〇〇余年の間にさまざまな形をなして世界に広まっていった。そして今でも健在だ。

それぞれの国の仏教徒が建てた仏教寺にはそれぞれの国の特徴が実に良く表わされている。それと同じように仏教もいろいろ形を変えて世界に広っていったのだろう。その違いを見て廻るだけでも、まるでディズニーランドに行ったように愉快になった。

その寺の一つ一つに、それぞれの国から仏教徒が巡礼に、瞑想に、勉強に来るなどと考えただけでも痛快だ。こういった心意気から、世界平和がもたらされる可能性が生まれるのではないだろうか。


私は恥ずかしながら、ネパールに来るまでクマリ信仰のことも、ネパールに仏教があるということも知らなかった。ネパールの国教はヒンドゥー教と決めてかかっていた。

ネパールをほぼ全土にわたって初めて統一したのは、インドから来たヒンドゥー教徒のプリティブ・ナラヤン・シャハであるが、カトマンドゥ盆地に元々住んでいたのはネワール族であった。とはいえ、はっきりネワール族もグループと言えないところもある。カトマンドゥ盆地にはあまりに多くの人種が混じっているので、「ネワール族」というのはカトマンドゥ盆地に長く住み着いている人々という意味であると定義づける人もいる。ネワールの人々がもともと信じていた宗教は、土着の宗教だったが、釈迦が生まれた後は仏教を取り入れるようになった。

仏教の元祖、仏陀は、紀元前五四三年にルンビニで当時その辺りを治めていた Sakya clan（釈迦家）に生まれた。当時のネパールには小さな王国が乱立していて、釈迦家はその小さな王国の一つを統治していた。生まれた王子の名はShiddhartha Gautama。従って、仏陀は釈迦家の王子として生まれ、ゆくゆくは釈迦王国の王様になるはずだった。しかし、すべてを捨てて、悟りの道をたどるのだが、悟りを開いた時にBhuddha-Awakened One（悟りを開いた者）と呼ばれるようになった。そしてそれ以後は、悟りを得るための教えを説いて四五年間を過ごすことになり、その当時はShakamuni（Sage of the Sakya 釈迦家の賢人）と呼ばれていた。

仏教は仏陀の死後、Hinayana（小乗）、Mahayana（大乗）と別れ、世界に広まっていくが、ネワール族は最初はマハヤナ仏教を取り入れることから始め、勉学に力を入れ、従って、勉学のための修道場が発展し、特に三古都の一つパタンでは、ネパール人ばかりでなく、チベット人、中国人の巡礼僧を受け入れ、一時は何千人もの僧侶が収容出来るような設備まであったといわれる。しかし、時代が進むにつれて、インド側から入ってきたVajrayana（バジラヤナ）の宗派に影響され、だんだんネパール仏教の内容も変ってきて、僧侶は結婚し、カースト制度を取り入れ、ヒンドゥー教に仕える仏教僧になり、通常では反仏教と言われるカースト制度や祭り重視の非常にヒンドゥー教化した仏教に変化していったのである。

ネワール族が発展させたのは、このVajrayana（バジラヤナ）と言われる宗派である。そして、それまでにあった原始宗教で信じられていた諸々の神を呑み込み、発展させ、ヒマラヤ、チベット地方にまで広めていった。人間の到達しなければならない悟りはあまり重要視されなくなり、もっと身近な、収穫、子供、富、健康などに利益をほどこす神様を信仰するような考え方に変っていったのである。そのような考え方の仏教は現在まで存続し、またそれ故に存続することが出来たと言われる所以なのである。クマリ信仰もこのような祭り中心のネパール仏教のおかげで発生し、継続しているのだろう。しかし、十四世紀から続く仏教廃棄の気運が続き、今は祭りは残ったものの、本来の仏教の意味を知る者はほんの僅かしか残っていないのが現状のようだ。

『ネパール仏教』という本の著者田中公明は、そのようなネパール仏教は長い間ヒンドゥー教国内にあったがゆえに、書き残すことも許されず、あまり研究がされてこなかったといい、これからますます研究は必要になること、そしてその研究はこれからの仏教界に大きな貢献をなすだろうと示唆している。

二〇一二年三月にはルンビニで、十六ヵ国の仏教国元首と仏教高僧を招待しての国際会議が計画されている。それに反対してカトマンドゥでは、二〇一一年十二月七日に数百人の仏教僧のデモ行進があったと報道された。それは政教分離の憲法に違反するというのである。しかし、面白いことに、その会議を押しているのがヒンドゥー教の、それも最高のブラーマンに属するネパール共産党毛沢東主義派の議長プラチャンダであり、その仏教の国際会議に同意しているのがキリスト教信徒である国連事務総長のパン・ギムンであり、その会議は国民の大半がヒンドゥー教徒の国で行われるのである。この複雑な仕組みの会議の意図が良い意味の深謀遠慮であってほしいと願うばかりである。

それに加えて、ルンビニ開発計画の一環として、中国の青蔵鉄道がルンビニまでの延伸を提案しているのだという。この計画にはアメリカ、韓国も大いに後押ししているので、実現の可能性は高いと聞く。ルンビニ近辺もずいぶん騒がしくなってきた。それがネパール人の為になればと心底願っている。

▼聖園へ走るリクシャー風薫る
▼大夏木憩い求めて人集ふ

ポカラにヒマラヤの日の出を見に行く

ネパールに行くと言えば、誰しもヒマラヤ登山を想像するだろう。私だって最初に考えたのはヒマラヤのことだった。ただし登山ではなく見るだけなのだが、それでもやっぱりヒマラヤの山々が目的地だった。

ヒマラヤといえば、ポカラ。ポカラはカトマンドゥに次いで観光地としてポピュラーだからだ。ヒマラヤの山が見たいと言ったら、ポカラに行くのが一番よいと、いろいろな人から言われた。ポカラはネパールの山々を眺めるのにも、登山をするのにも最適な場所だとされている。

ポカラに行くには時期も大切だ。霧がかかっていて何も見えない時がある。一番良い季節は十月から二月だという。

十月十四日、私はいよいよポカラに向けて出発した。ホテルのマネジャーのミランが車を用意してくれた。天気は上々。運転手の名前はマンバドゥ。車と人でごったがえすカトマンドゥを過ぎると、山がずっと近くに見える。

途中道端に咲いているブーゲンビリア、オレンジ、マグノリア等々の花々がきれいだった。道路はトラックが多く、バスは屋根の上まで人でいっぱいである。人間が雑穀のように袋の中に入れられているようだ。あのようなバスではなく、個人タクシーで旅行できるなんて、私はなんてラッキーなんだと、思わず感謝せずにはいられなかった。

山の丘の上まで、どんな狭いところでも耕されている。農業で自活しているのであろうか。ところどころに家はあるが、道がない。行き来が大変で、何か忘れ物をしても帰れないだろう。

ランチに野菜チャオメンを食べたせいか、車に乗ったら眠ってしまった。目が覚めたらポカラだった。宿に着いたのは六時半。遅くはないが、停電で何も出来ない。町も小さくてすぐに歩き終ってしまった。七時頃夕食となる。レストランではローカルの歌と踊りのショーが開かれていた。それが非常にうまい。九時に宿に戻ると電気がついていた。「明日、日の出が見たいか？」と聞かれたので、「もちろん見たい」と言ったら、「五時には起きなければならないよ」と言う。目覚まし時計がないから起してもらうことにする。

ポカラですることは、ヒマラヤの山々を眺める、それもフェワ湖から眺めること。それから山の上から日の出を見ること。そしてポカラから始まるトレッキングか登山だ。

天気もよかったので、ポカラに着いた途端にヒマラヤの山々が目の中に入ってきた。それだけでもポカラに来たことを感謝した。ホテルの部屋の窓からも見えるのだから、願ってもないことであった。

フェワ湖にボートを浮かべて眺める山々もこの世のものとは思えない。美しいマチャプチャレ（魚の尾）が目の前にくっきりと見える。普通の観光客は、ボートに乗って三十分位のヒンドゥー教のお寺に参拝して戻ってくるというのがお決まりのコースらしい。でも私は、その島には行きたくなかった。ボートにいつまでも乗り続けていたかったので、通常の一時間を二時間にしてもらってマチャプチャレをあきるほど見続けた。

島を通りこして少し行くと、崖が湖に突き出ているところがあり、その真上がホテルになっている。高級ホテルのように見える。ホテルの前が野外レストランになっていて、傘つきのテーブルが備えてある。白い、エレガントなスカートをはいた若い女性が二人、お茶を飲んでいた。何と平和で、幸福そうで、なごやかな雰囲気なのだろう。あの二人は日本人に違いないと眺めていた。その姿はまるでヒマラヤの山々を背にして描いた一幅の絵のようだった。時間を延ばしたかいがあったというものである。

昼間の興奮がさめやらず、その夜はおそろしく疲れているのになかなか眠れなかった。眠ったと思ったら、朝日を撮ろうとして車であっちこっち忙しく追いかけている夢になった。

次の日は五時半に出発。日の出が良く見える所まで四十分かかるという。外は真っ暗だったが、月がとてもきれいだった。道路には人が歩いているし、店も開いている。アイロンかけをしている人たちもいる。サイクリングをしている人、ジョギングをしている人もいる。あまりの人の多さにびっくりした。みんな、山の日の出を見ようというのだろうか。

山に近づくと、山に入るのにお金を取られ、駐車料を取られる。そのうえ、誰かが車の中にまで入ってきて、「I'm your guide」と言う。ホテルの車で来ているのに、ガイドなんて必要ない。びっくりして、「I don't need a guide.」と言っても、そのまま乗ってきてくっついてくる。ホテルの運転手は何も言わないので、グルになっているのかなと疑った。車から降りてからは何とか振り払ったが、実に気分が悪かった。せっかく日の出を見にきたのに、こんなとで腹を立てなければならないなんて実に馬鹿らしい。どんなチャンスも逃さず観光客からお金を巻き上げようとするのは、ネパールがそれだけ貧しい国だからであろう。

日の出が良く見られそうなところを探しながら登って行ったが、どこまで行っても電線が目に入ってくる。こんな山の上まで電線が張られているのは驚きだった。人の住んでいる家もあり、ホテルもある。山羊までいる。これも観光のためなのだろうか。

電線から逃れるために、上に上に登って行ったのだが、どこまで行っても電線からフリーになれなかった。ふと気が付くと、太陽はもう昇ってしまっていた。結局日の出が見ることができなかったのだ。しかし、十四日月が山の陰に落ちるのを見ることができた。これが何とも言えない風情のある風景だった。

ヒマラヤで見た十四日月

ポカラのどこからでも見られるマチャプチャレ

ヒマラヤ連山に
大満足

立ち寄った学校の
子供たち

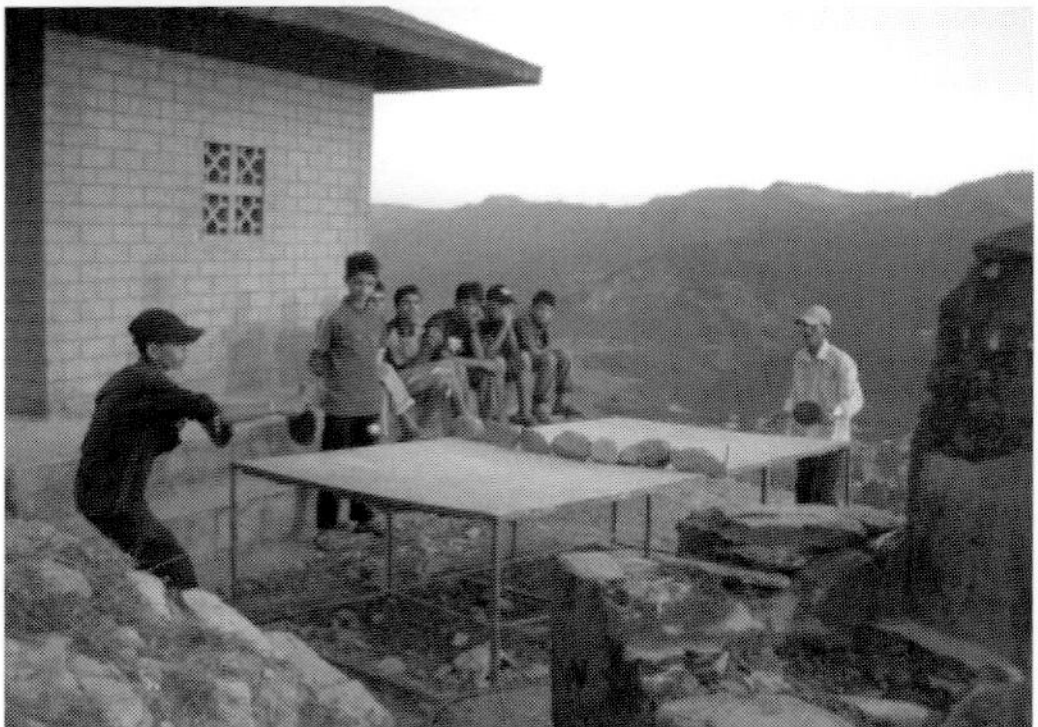

ヒマラヤの山
上でピンポン

日の出を見ることはできなかったが、山頂では朝日にかがやくヒマラヤの山々が見えた。それはすばらしい眺めだったので充分満足した。やっと電線が見えないところまで来たのだ。

日の出の騒ぎがおさまってから、ダスキンという山にトレッキングに行くことにする。本当はフォクシンに行くはずだったが、登り口がなかなか見つからない。うろうろしていたら、英語の出来る男の子に会った。その子が、「ダスキンの方が良いよ。そこならなれているから一五〇〇ルピー（千七百十四円）で連れて行ってあげるよ」と言うのでその子にガイドを頼むことにする。その子の名前はロジャー。大学生で時々アルバイトにガイドをするのだという。

「ダスキンには乗用車では行けないよ。道がひどいから。歩くしかないけど、最初から歩くのは大変だよ。まずバスで山の頂上まで行って、バスから降りて一時間半ぐらい散策しながら山を下りるというのはどう？　皆そうするんだよ」

バスを利用すれば半分の時間ですむ計算になる。あまり大変なトレッキングはしたくないというのが、年寄りの心理というものだ。

バスの出発時間は九時だという。一度ホテルに戻って、朝食を食べ、ロジャーの電話を待つ。バスはローカルバスだ。電話の知らせを受けてバスに乗りこんだ。不安がないことはなかったが、地元の人たちが大勢乗り込んできたので、これなら大丈夫だろうと天に無事を祈った。

ロジャーが、乗用車では行けないといった意味が走り出してすぐに分かった。デコボコ道どころか岩道なのだ。途中で道がなくなり、川にさしかかった。橋もないのにどうするのかと思ったら、何と、川をまるで道路のように登って行くのだ。想像以上の道のりだ。とてもじゃないが、普通の車では走れない。

しばらく川を走って行くと、ようやく普通の道路に戻った。しかし砂利道が続く。反対側から来るバスやトラックとすれちがう時には、ちょっと間違えば断崖絶壁に落ちるというのだからヒヤヒヤものだ。路肩にはガードレールなどない。乗客は政府の役人か学校の先生で、これから仕事に行く途中らしく、身なりも良い。生徒もいる。心配そうにしている私を見て乗客の一人がきれいな英語で勇気づけてくれた。

「このバスを運転するには、普通の免許証では駄目で、特別な許可がなければ運転が許されないんですよ。だから運転は上手なんです。大丈夫ですから、安心して」

バスが一つの峰にさしかかった時に私とロジャーは降りた。ほとんどの人たちはさらに奥深くに行くようで、降りたのは私たちだけだった。そこから一時間半かけて山を降りるのだ。目をあげれば、マチャプチャレ、アンナプルナ連山がパノラマのように広がっている。まるで「来い！来い！」と招いているようだ。

ロジャーは道を良く知っているのか、眺めの良い所を通りながら下山する。歩きながら、彼自身の話なども聞いた。

ロジャーは十八歳の高校生。いまは三週間の秋休みなのでアルバイトをすることにしたというが、秋休みに三週間もあるだろうか。夏休み、冬休みなら分かるが。もしかしたら学校をさぼってアルバイトをしているのかもしれない。しかし、私にとっては大助かりなのだから、あまり問いつめないことにした。将来は大学に行って、ツーリズムを勉強し、プロのガイドになりたいと言う。今でもプロのガイドみたいなのだが。

途中で寄った村々でも、村人とすぐに打ち解けている。観光客も喜ばせるし、ずいぶん板についているという感じだ。小学校にも寄ったが、秋休みではなかったようだ。

ロジャーはヒンドゥー教徒だ。ブラーミンの家庭に生まれ育ったという。ブラーミンも階制になっていて、昔はブラーミンの家に生まれた男の子は皆お坊さんにならなければならなかったが、今はそういうことはないらしい。法律でそういう自由が与えられるようになったと説明する。家族は四人兄弟で彼は末っ子。誰もお坊さんになっていないという。それぞれ皆結婚して独立している。

村人たちとも、ハロー、ハローと言い合い、みかんをもぎ取って食べたり、栗を拾って食べたりもした。ロジャーは私にきれいな景色を見せようとしてか、回り道をしていたようだ。一時間半の予定だったのに、四時間はかかったのではなかったか。

トイレに行きたくなった。「トイレは?」と聞くと、「そこ」と野菜畑をさす。そんなことを言っても、三十センチの高さしかない豆畑なのだ。そんな所でかがんでは丸見えだ。私が躊躇しているのに気付き、「だって、どこにもトイレなんてないよ。誰も見ていないから大丈夫だから。ボクも見ていないから」と言う。

確かに誰もいない。遠くの方にヒマラヤの山々が見えるだけだ。思い切ってしゃがむことにした。目の前には白い連山が幾重にも見える。気持良かった。こんな気持良い思い切った放尿はそれまでに一度も経験したことはなかった。

降りて来るのに時間がかかったが、ネパールのトレッキングを最高に楽しんだという気持だった。ロジャーにも感謝している。優秀な高校生だと褒めてあげたい。ホテルに四時に着いた時には、身動きが出来ないほどにくたくたに疲れてしまっていた。でも最高に満足だった。

▼ヒマラヤの山を背にして夏館

▼朝霧につつまれ黙す白き山

第3章

ネパールの宝

ゴルカの町へ行こう

グルカ兵という言葉を何度も聞いたことがある。そのグルカの語源にもなったゴルカの町というのが本当にある。なぜゴルカがグルカになったのか、特別な理由があるのかと思ったら、ネパールを統治していた当時のイギリス人が、報告書の中でゴルカをグルカと書き違えたのだそうだ。間違いだとわかっても修正しなかったので、イギリスではそのままグルカとなってしまった。

ゴルカの町はカトマンドゥから五十キロのところにある。今でも王宮が丘の頂上にあり、そこから北にマナスル、東にガネッシュ、西はアンナプルナまで連なる大パノラマが見渡せる。そこまでの道のりは舗装がゆきとどいていて、大きなバスやトラックが通っても大丈夫のように作ってある。それに山また山をくねっていく途中には段々畑もあり、決して目をあきさせない。

私がゴルカを訪れた季節はモンスーンの時期だったので雨が多かった。朝から山崩れがあって、車が通れるかどうかと大騒ぎをしていたが、ようやく道路の整備が終わり、お昼頃になってやっと出発することになった。

ネパール国を初めて統一したプリティビ・ナラヤン・シャハ（Priythvi Narauan Shah）はゴルカの町に生まれた。父親は、インドのラジャスタンの出で、その頃インドを制覇してきたムスリム勢力からのがれるために逃げてきて、ゴルカの町に居を定めた。彼は戦いに長けていたので、そのうちネパール全土を支配しようと野望を持つようになった。しかしその意を遂げないうちに亡くなってしまう。その息子が、父親の意志を受け継ぎ、二十歳の若さでネパール統一を決意するのである。

シャハは、若者を集め東へ東へと進み、カトマンドゥ制覇に挑んだ。シャハに先導されて戦ったのは必ずしもゴルカの町の若者だけではなく、山岳地方からの若者も多かった。戦いたい者は誰でも軍隊に入ることが出来た。

カトマンドゥにはグルカ兵が武器として使った刀を観光品化して売っている店があるが、見ているだけでも背筋に冷や汗が流れる。そこにある刀は相手を斬るのでなく、ぶった切るためのものなのである。

『ロンリープラネット』という旅行案内書には、プリティビ・ナラヤン・シャハが、カトマンドゥ盆地を五百年以上も治めていた三つのマッラ王朝、つまり、パタン、バクタプル、カトマンドゥを奪おうとした時の恐ろしい話が書かれている。まず、王朝の首都を陥落させる前に、ネワールの美しい町として知られていた隣町のキルテプルに侵入し、歯向かう者の鼻と唇をぶった切った。その量は百二十ポンド（五万四三六〇グラム）にも及んだというのである。

それが事実なのか、そんなことが可能なのか、にわかに信じきれないところもあるが、それだけ容赦なく惨いということだけは分かる。

それが一七六八年のことである。その恐ろしさをみて、まずカトマンドゥの王が、自分の国には兵がないので、イギリス支配下のインドに助けを求める。しかし、送られてきたインド兵士二千四百人のうちの千六百人がぶった切られてしまった。かろうじて生き残った八百人は一目散に逃げ帰ってしまった。プリティビはカトマンドゥを楽々と占領し、それからパタン、バクタプルを難なく奪い、ネパール全土を支配下に置くことに成功したのである。

それから十九世紀に入ると、植民地政策を浸透させているイギリスがネパールに進軍してくるが、ネパール兵はイギリス兵を手こづらせることになる。一八一六年のことである。一年間も戦いが続いたが、ネパール兵は降伏しなかった。その時、イギリスはネパール兵の強さを認め、イギリス兵として雇うということでネパールは和平に合意したという。その時からイギリス兵としてグルカ兵が集められることになるが、それらの兵は必ずしもゴルカの町の出身者ではなく、戦う意志のある、強靭な体力の持ち主であれば、誰でもよかった。

イギリスは雇った兵を、間違ったスペルのまま「グルカ兵」と呼び、イギリス兵と全く同じ待遇にした。ネパール人にとってはまたとない出世の機会になったので、希望者は後を絶たなかったという。第一次世界大戦の時には十五万人、第二次世界大戦の時には二十万人がイギリス兵として戦った。イラン、アフガニスタンの戦争にももちろん、一八一六年から現在までイギリス国が関わった戦争にはグルカ兵はすべてイギリス兵として送られている。そして、グルカ兵は強靭で、忠義をつくし、忍耐力があるという評判を世界にとどろかせることになったのである。第二次世界大戦のビルマ戦で日本兵を手こずらせたのはこのグルカ兵だったと今になって知った。

そんな残酷な王を生み、強いグルカ兵をつくりだしたゴルカとはどんな町なのだろうかと興味を持っていたのだが、予想に反して、町は小さく、王宮があった町にしてはどこか寂れているようにさえ見えた。私が訪れた日は雨で、カトマンドゥからのバスの旅は五時間。その上、バスを降りたとたんに雨はどしゃぶりとなり、身動きが出来ないような状態になった。仕方がないので、すぐ側にあった小さなみすぼらしい焼そばやさんに荷物を持ったまま逃げ込んだ。焼そばを食べながら強く地面をうちつける雨が止むのを待った。

同じテーブルの向かい側でやはり雨が止むのを待っていた青年がいたので、近くに宿がないか尋ねた。

「ああ、ありますよ。とっても良いのが最近出来たんですよ。旅行者は皆そこへ泊まりたがる。あんたもそこへ行って、空きがあるかどうか聞いてみたらいい」

「遠いの？」

「いいや、ここから多分五十メートルくらい。荷物、持ってあげようか？」

「いいえ、結構です。大丈夫です」

人なつっこい若者の親切さに感激したが、一応ことわった。知らない土地で若い男性に親切にされると、何が起こるか分からない。

五十メートルの道のりも、砂利が敷いてあるだけなので荷物を持っていると歩きにくい。アスファルトがあるのは駐車場だけで、そこから外れると砂利なのだ。たったの五十メートルと思ったが、なれていない私にとっては大変な道のりだった。すると、その青年は私の後からついて来るではないか。

「持ってあげます。砂利道で大変だから」

本当だ。この砂利道は大変だ。私が、お願いしますと答える前に、彼は私の荷物を取って歩き出した。助かった！　歩き出してすぐ、「ここです」と言って、荷物を置いた。「マナスルホテル、ラプレストラン」と書いた看板がかかっている。

「ここが、皆が好きなホテルなんですよ」

そう言うと、店を入ってすぐのところに立っていた男性に空室があるかどうか聞いてくれた。

「残念！　今は空室がないんだって。じゃ、もう少し先に行った所にあるホテルに聞いてみよう。この町はたくさんホテルがあるから、心配ないよ」

また私の荷物を持ってさっさと歩き出した。この町はヒンドゥー教の有名なお寺もあるので、巡礼客が多いのだ。

次に行ったのはほとんど真向かいにあるホテルで、そこは空いていた。この時期は雨期なので、それほど観光客などいないはずなのだ。マナスルへの登山はこの町から始まるので、シーズン中は登山客でにぎわうのだそうだ。

その青年は、二階まで私の荷物を持ってくれた。チップを渡そうとしたのだが、ことわられた。ゴルカの青年は正直で親切だ。

せっかく見つけてもらったホテルだったが、トイレも西洋式じゃないし、お湯も出ないということが後から分かった。せめてお湯くらい出るホテルに泊まりたいと思い、荷物をおいて、観光をかねてホテルさがしをした。町といってもバスが通ってきた道が一本あるだけで、その両側に小さな店が並んでいるだけなのだ。それでも観光や巡礼地として名が知られているので、ホテルも四、五軒あった。一番大きくて、良さそうなホテルに入ってきいてみた。何と、部屋は空いていた。トイレは西洋式で、お湯は天気の良い時には出るが、天気が悪ければ出ないという。値段は三倍もするので、やはり、あの青年が見つけてくれたホテルに泊まることにした。

翌朝、この町の観光に出かけた。とは言っても、ゴルカ王宮とその隣にあるヒンドゥー教のカーリー女神寺院くらいしかない。ただし、そこへ行くには千五百段の石段を登って行かなければならない。どうしても杖が必要だ。ここを登って行く観光客はあまりいない。私以外はヒンドゥー教寺院の巡礼者だけのようだ。今でもかなり人気のある寺で、祭りの時などには、牛や羊や鶏などの生け贄の動物を持った信者が後をたたない。そして、千五百段の石段は血で真っ赤に染まるのだそうだ。というのは、生け贄にするのは動物の首だけなので、首を落とした後、首なしの動物をかかえて家に持ち帰らなければならない。そこから滴り落ちる血で真っ赤になるという。

私が訪れた時は祭りはなかったので生け贄の動物もいなかった。石段が血に染まることもなく少し安心した。血に染まった石段を歩くなんて、想像するだけでもぞっとする。

1500段の石段は生活のための階段でもある

石段の端の塀に座って
祭りのための紐を編む女性

祭りの日はこの枕木の上で
生け贄の動物の首が切られる

ススミタ　13歳なのに英語がとても上手

石段のそばの井戸で洗濯

文化の違いというのは恐ろしいものだ。私がぞっとしても、ヒンドゥー教の人たちはそれを祝福と感じるのだから。

千五百段の石段はくねくね曲がりながら上までいくが、その両側は林や畑ではない。人家が続いていて、雑貨屋もあり、レストランもあり、洗濯場もあり、学校まである。巡礼者ばかりでなく、そこに住む人たちの通行道路であり、子供たちの通学路でもある。

ここの学校は二部制で、午前と午後に別れている。午前の部は朝六時半から九時半までなので、お昼までには家に帰って来てしまう。商売気のある子供は、自宅の前の石段沿いに自分で小さな台を出し、生け贄の動物以外に寺に捧げものとして持っていけそうな水やココア、その他の小物を並べて客寄せをしている。そんな子供の一人に呼び止められた。

名はススミタという。十三歳だ。こまっしゃくれた子供と最初は思ったが、英語が達者で何でも話す。お父さんはカトマンドゥに出稼ぎに行き、お母さんは朝から畑で働いているので、夕方まで帰って来ないのだという。宿題はすぐに終わってしまうし、午後は一人であきるので、少しでも家計の助けになればと店を出しているのだという。英語は学校で学んだだけだというが実に上手だ。

家の中に駆け込んでいって、写真帳を持ちだしてきて見せてくれた。日本人のお母さんと娘さんらしい二人とススミタとが一緒に写っている。奥田さんという親娘だそうだ。まるで、家族の一員のようにリラックスしていて、幸せそうに写っている。二人は車で来ていたので、ポカラまで一緒に旅行をしたのだという。ススミタにとってもそれは初めてのポカラへの旅だった。ゴルカの町から四十五分も車に乗ればポカラなのに。

「楽しかったなあ」とススミタはため息をつく。もしかしたら、第二の奥田さんにめぐり合うのを待っているのかもしれない。

登る前は「千五百段も！」と思ったが、途中で会話を楽しんだり、祭りの準備のために紐を編んでいた女性に編み方を教わったり、子供をあやしているお父さんと会話したりしていると、千五百段もあっという間だ。途中にはピープルという大きな木が枝を広げており、その下には必ず人が座れるようになっている。この風習はネパールの山々の木がある所でよく見かける光景だ。このピープルの木がススミタの出している屋台のすぐ近くにある。

「ピープルの奥さんの木も、ホラ、あそこにあるのよ」

ススミタが教えてくれた。

「淋しくないようにね。そして奥さんの木はソミって言うんだよ」

ススミタは本当にこまっしゃくれている。それともネパール人は人一倍ロマンチストなのか。

帰りの最後の段を降りて、「ああ、無事終わった！」と一息ついていると、三歳くらいの子供が二人、「ナマステ！」と手を合わせているではないか。実に可愛い。そこは、三畳くらいの広さがあって、子供たちの結構な遊び場にもなっているらしい。私も今までしっかり握っていた杖を地面に置き、「ナマステ！」と自然に手を合わせた。

▼砂利道を白靴の人助けくれ
▼山奥の笑みの涼しや十三歳

怪我して宝を見つける

小さな子供に「ナマステ！」と声をかけられ、気持よくなって自分も「ナマステ！」と返しながら千五百段の階段を降りきった。ところがもう一段あった。二十五センチぐらいの段差なのだが、気がつかず、足を踏み外してしまった。左足のくるぶしが火がついたように熱くなり、痛みが全身を駆け巡り、身体が震え出し、次には麻痺状態になった。

私は最後の石段にうずくまり、目を閉じて痛みの消えるのを待った。二人の女の子が寄ってきて心配そうにのぞきこんだりしていたが、店の中から人の声がすると建物の中に入ってしまった。

痛みはなかなか消えない。杖をついて、足を引きずりながら休み休み歩き出した。朝から何も食べていなかったので、マナスルホテルのラプレストランに入った。二時過ぎなので客は私一人だけだ。コーヒーと野菜のチャオメンを注文した。そこにホテルのオーナーがやって来て話し始めた。昨日私が空室がないかと聞いた時、ことわったのを覚えていたのだろう。親しげに話しかけてくるので、何か助けを頼もうと思った。

「足に怪我をしてしまったんです。とっても痛いんですけど、マッサージ師とかこの辺にいません？」

「マッサージ師？　そんなものいませんよ。どれどれ、足をくじいた？　そこが痛いだけ？　ならすぐ治りますよ。マッサージなんて必要ない。病院にも行く必要ない。オレがちゃんと直してあげる」

自己流の診断を下すと、台所に向かって何か叫んだ。

「貴方のホテルはどうしてそんなに混んでるの？　他の所はみんながらがらなのに……」

前日のことを思い出して聞いた。

「こうやって客を大事にしているからなんだろうね。そうするとみんな幸せな気持になるんじゃないかな。だから、また来てくれたり、他の人に話したりしてくれるからいつも一杯なんですよ」

野菜のチャオメンがきたが、全然おいしくない。なるほど食べ物が呼びものではないことだけは確かだ。彼は無類の話し好きらしい。

「オレは本当はここの者じゃないんですよ。若い頃は登山客の荷物運びをやっていたんだ。何しろ小学校もろくろく出てないんだからそれしかできなかったよ。マナスルに登山する人たちの荷物を運んでた。オレの育ったラプという村は、マナスルに行くには必ず通るところなんだ。だから、マナスルホテルにラプレストランって名前をつけたんだよ」

確かに顔は浅黒く、四角張っていて肩幅は広いし、背は高くはないが、いかにも強そうに見える。しかし、荷物運びからすぐにこのゴルカに来て、ホテルとレストランを始めたわけではないだろう。台所から痩せた背の小さい男の子が熱いお湯の入ったバケツを持ってきた。

「この村ではこういう風にして直すんですよ」

熱いお湯の中に布切れを浸し、その布切れで、腫《は》れ上がっているくるぶしをまずきれいに洗い、そこを布でマッサージのように何度もこすり始めた。

「えっ、腫れているんだから、冷やすんじゃないの？」

「いいや、昔から、この辺ではこんな風に熱いお湯でこするんですよ」

まるで反対じゃないかと思ったが、痛い所をさすってもらうと気持いい。

「いつこのホテルを始めたの？」

私の読んだ案内書にこのホテルの名前がでているのは一つもない。

「五年前だけど、その前にこの古い家を買って改装するのに一年かかった。でもその前一年くらいはここで働いたんですよ」

「一年くらい働いたって、この建物を買うお金を作れたわけではないでしょう？」

「一年間働いているうちに、この町の偉い人たちと知り合いになって、仕事がしやすくなったんですよ」

「じゃ、貴方は生まれつきのビジネスマンなのね」

「いやその前にマレーシアに行っていたんですよ」

マレーシアといえば私も二年間住んだことがあるので、ますます聞きたくなる。

「その時は何歳くらいだったの？」

「二十二歳だった。十六歳の時に結婚してたけど、親同士が決めた結婚で、式もあげなかった。戸籍なんてないから籍を入れるなんてこともしなかったんですけどね。子供もいなかったし、誰も反対しなかった。オレ一人で行ったんだ。親も妻もおいて」

「マレーシアで一体何をしていたの？」

「マレーシアでは不法移民だったんですよ」

不法移民？　おだやかじゃない。どうしてそんなことを堂々と言うのだろう。マレーシアでは不法移民を容易に受け入れるのだろうか。ミランと初めてトレッキングした時のことを思い出した。あの時の青年はシンガポールに不法移民として行ってお金を稼いだ。

「それで何をしていたの？」

「缶詰の缶作りの工場に送りこまれてね。お金には全然ならなかったけど、なにしろ、エージェントにお金を払わなくてはならなかったからね。そのエージェントはインド人なんだけどね。二年間はそのエージェントのために働かなくてはならないんですよ。そしてそのエージェントに毎月三千ドル（二十四万円）も払わなくてはならない。お金なんて貯まりませんよ。でもお金だけでマレーシアに行ったんじゃない。その頃ネパールでは戦いが激しくてね。マオイストが活発になってきた頃だった。そんな戦いに巻き込まれたくなかったんですよ。戦争はいやだ。戦って将来を築き上げることはできない。戦いが止むのをマレーシアで待っていたんです。だからしょっちゅうネパールの家族の者に電話して様子を聞いていたんです。

契約の二年間缶詰工場で働いて、一応そのエージェントへの借りを精算して自由になったんだけど、ネパールはまだ帰って来れるような状況じゃなかったので、マレーシアで仕事探しをしなければならなかった。警備の仕事が見つかりましてね、そこで一年間働いたんですよ」

「不法移民なのに警備？」

「そうですよ。オレは不法移民だけど善良な市民だということを印象づけると大丈夫なんです。そこで一年間働いて、それから二年間レストランで働いたよ。その時も早くネパールに帰ってきたかったけど、やっぱりネパールの状況が悪くてね。それから二年たってやっと帰って来れたけど……」

「何事もなく？」

私にはまるで想像できない世界だ。

「そりゃ、不法移民として働いているんだから警察に捕まることもあるよ。だけど、自分は何も悪いことをするつもりでここにいるわけじゃない、お腹が空いて、お腹が一杯になるようになればと思っているだけだから、ネパールに帰すというのなら喜んで帰るから、帰して下さいよって言うとね、『そうか、いいよ、いいよ』と言って結局罰金も取らないで出してくれるんですよ」

聞けば聞くほど信じられない話だ。

「ネパールの状況が少し良くなったので、七年前にネパールに帰って来たけど、しばらくカトマンドゥにいて様子を見ていたんですよ。カトマンドゥには両親、妹、兄がいましたから、そこにしばらく居ることができたんです」

多分その頃までには、仕送りで残りの家族がカトマンドゥに移って来て、家も買うことが出来たのだろう。それが出稼ぎの典型的なパターンなのだ。

「でもオレはカトマンドゥはあまり好かない。あまりにいろいろな人種がいすぎて、親しみがわかないし、誰のこともよく知ることもできない。隣の人が誰かさえ分からないことだってある。それでゴルカを選んだんだ。ゴルカは小さな村だし、すぐに村人たちのことが分かるし、行政に関わっている人とも知り合いになれる。ギャングもいないし、ここの方がずっと仕事がしやすいと思ったよ」

オーナーはそんな自分の半生を語りながら、あきもせずに私のくるぶしをなで続けている。

野菜チャオメンだけではお腹が一杯にならないので、モモを頼み、また話し込んだ。彼には夢がある。毎月五万ルピー（五万七千百四十二円）を返済している銀行からの借金が五年後に払い終わるという。これを払い終わったら、またお金を借りて、今度はあちこちの村に二十軒ぐらい小さなホテル兼レストランを作り、そこでゴルカ文化の紹介をしたい。それと、その近辺で出来る特別なクラフト、料理等、それをパッケージにして売り込みたいというのだ。大変な熱意だ。今、人はそんな片田舎でののんびりした雰囲気を必要としている。それにオーガニックの食べ物もたくさん用意して、ローカルのダンスも見せたいと夢は大きい。

「ローカルダンスを見せるのはもうすでにやってるよ。今もこの家の地下を使って練習しているんだよ。見る？」

見せてもらうことにした。ホテルとレストランに使っている建物の地下を、若者達に開放し、練習の場にしているという。三時間、練習を見学させてもらった。どうせ足が痛いのでどこにも行けない。

二十人ぐらいの若い男女が練習している。ダンスはラップのような音楽に踊りをつけたもの。何という音楽だろう。とにかくエネルギッシュで上手なのでびっくりした。皆汗だくだ。ダンスのコンクールに出るのだそうだ。この中には個人で参加して優勝した人もいてテレビにも出たことがあるという。どうりで上手だと思った。そしてふと思った。バスから降りてすぐ荷物を運んでくれたり、ホテルさがしを手伝ってくれた若者、あれから全然会っていないが、もしかしたら、このホテルの地下でダンスの練習をしている仲間の一人かもしれない。

「どうです？　こんなダンスもそのオレの夢の構想の一つなんだ。もうすでに始めているんですよ。毎週土曜日、このちっちゃなステージですけどね、ここでこの近辺のホテル客を招待するんですすよ。この町には何の娯楽もないですからね。その時には、こんなモダンなダンスばかりでなく、民族舞踊も伝統楽器を使ってやるんです。ちゃんと民族衣装も着て……。ほら、こんな楽器を使って……。結構皆喜んで来ますよ」

壁にかかっている楽器を指さした。確かに普通には見ない楽器らしき物が壁に五、六個かかっている。

彼の名前はゴルパという。まだ三十五歳。しかし彼の夢は大きい。これからのネパールは観

トウモロコシを売る女性と食べる私

ゴルパと彼の子どもたち

レストランの地下
では若者がダンス
の練習

光業が盛んになると見ている。その時には自分が率先してゴルカ地方の民族文化を紹介したいのだという。不可能ではない夢かもしれない。こんな人がネパールにたくさんいたら、ずいぶん活気づくだろう。ネパールにとっての宝物なのではないかと思った。

痛い足を引きずりながら、それでも明るい気持でラプレストランを後にして、自分のホテルに帰った。

▼霧の海歩きてくれし茶極上
▼モロコシの花に囲まれ今日の宿

ゴルカの町の子供たち

ゴルカ滞在の最後の日、写真を取りたいと思い、足を引きずりながら外へ出た。その日は土曜日で学校は休みだ。子供たちがあちこち道端で遊んでいる。そこはゴルカのメインストリートで、バスや車の通り道でもある。私は、危ない、危ないと思って見ていたが、子供たちは平気だし、それを止める親もいない。車が通る時にはさっと遊びを止め、道の端によける。それを、何度も何度も繰り返している。

五、六歳ぐらいの子供が五、六人でビー玉で遊んでいた。私が子供の頃遊んだことのあるビー玉そっくりだ。なつかしかったので近づいて写真をとろうとしていたら、彼らよりちょっと背の高い十歳ぐらいの男の子が近づいてきて、英語でいろいろ聞いてきた。名前は？　どこから来たの？　これからどこへ行くの？　どこに泊まっているの？　まるで警官みたいだ。「英語はどこで習っているの？」と聞きかえしたら、「学校で」と答える。学校だけでどうして観光客を相手に自由に話ができるんだろう。私は中学校の英語の先生をしていたから感心してしまう。

「ボクのお母さんね、そこで店をやってるんだよ。何か買ってくれない？　そして、この子供たちに何かやったら？」

「そうね。子供たちに何かあげたいから、クラッカーでも買いましょう」

その子のお店でクラッカーを買って、遊んでいた子供たちにあげた。予期せぬおやつにありついた子供たちは大喜びだった。同じクラッカーをその十歳の子にもあげようとしたら、「あの子たちはグルングだからおばさんからもらうけど、ボクはチェトリだからもらわないよ」と言う。

グルング族とは、もともとゴルカ地方に住んでいた住民で、チェトリは、後から入ってきたにもかかわらず、支配層になった。そのプライドが子供にまで影響しているのだ。法律ではカースト制度は廃止されているはずではなかったのか。それがなくなるのは、何世紀後になるのだろうか。それにしても、こんな小さい頃からカーストの意識がこんなにも強く、こんな田舎で、こんな小さな子が、すでにカーストを意識するとは非常な驚きだった。

ホテルに戻ると、ホテルの真ん前でまた違うグループの子供たちがビー玉をしていた。ビー玉が一番人気の遊びなのだろう。女の子はどこにも見当たらない。

このグループの子供たちは前のグループより大きく、十歳前後の男の子だ。五、六人の遊んでいる子供たちを、四、五歳のまだ背の小さい子供たちがながめている。その中に四歳のゴルパの息子がいた。しばらくながめていたが、何を思ったか、ビー玉の並んでいる所に進んで行ってビー玉にさわった。すると、大きい背丈の男の子たちがその子をこずき、どなり始めた。何を言っているのか分からなかったが、邪魔しちゃ駄目だとか言われていたのだろう。暴力をふるうとかいうのではない。ただ大きな声でどなっているだけだ。ゴルパの息子は首を引っ込めて脇の方に逃げて行ったが、そんな騒ぎがおきているのはマナスルホテルの真ん前なのだ。狭い道の両側は小さな店がずらりと並んでいる。しかし、誰一人として大人が出て来ることはなかった。

私はその子に、私の隣に座って見なさいと手まねでさそった。彼にとっては私は見知らぬ大人なのに、全然警戒心などはない。私も一緒に大きい子供たちのビー玉遊びを見学することになったが、こんな経験は子供の頃以来で感慨深かった。今の日本は、道路で遊ぶのは危ないと禁じられているだろうし、大きい子と小さい子が混じって遊ぶなんてこともしないかもしれない。また、大きい子が小さい子をいじめたら、必ず大人が入って大きい子が叱られるだろう。

ホテルのレストランに入ってヌードルスープを頼んだ。それがインスタントだったので意外

ゴルパ親子と一緒に

道路端でビー玉で遊ぶ子どもたち

だった。ゴルパに聞いた。

「このメニューは誰が考えたの？」

「考えないよ。ボクがどこかの高級レストランに行ってコピーしてきたんだよ。メニューさえあれば何でもできる」

ゴルパは勇気があるし、度胸もある。きっと成功するに相違ない。ネパールはこんな若者を必要としているのではないか。グルカ兵ではなく。

▼ビー玉を追う子供らの裸足かな
▼つい暑さ忘れし登千五百

カトマンドゥは故郷

病気になると、何となく気が弱くなり、子供の時に食べた物が欲しくなったり、やさしくしてくれそうな人に会いたくなったりする。ゴルカの町で怪我をしてからというもの、早くカトマンドゥに帰りたくなった。そこに帰れば怪我も治るし何事もうまくいくような気がした。

カトマンドゥに戻って最初にしたことは、「ロータス」に行って日本食を食べたことだった。

「ロータス」は佐々木さんという日本人が経営する日本食のレストランで、私の泊まっているホテルの真向かいにある。メニューの全部がカレーライスやうどん、冷やしそばなどの日本食だから、何を注文しても間違いがない。それに値段も高くない。日本人の観光客以外の地元の人たちも時には入っている。

カトマンドゥを訪れる日本人で「ロータス」を訪れない者はいないだろうといわれるほど有名なのだ。佐々木さんが工夫して作ったカレーライスが日本のカレーライスよりもおいしいと、旅行者の誰かが『地球の歩き方』に投稿してからますます評判になった。

「ロータス」は、日本人に憩いの場所も提供してくれている。日本語の本が多数置いてあるのだ。「お客さんが置いていってくれるんですよ」と佐々木さんは言う。その他にも、客の寄せ書きノートもある。そこにはネパールやカトマンドゥの感想、ここを訪れた理由、この旅行によって何を得たか、などがびっしり書かれている。カトマンドゥで見逃してはならない所、ネパール旅行で知っておくべき知識や知恵等々、数限りないヒントもそのノートには書き込まれている。それが三冊もある。ちょっとやそっとでは読み切れないほどだ。

佐々木さんはいつも店にいる。朝早く七時には出勤して、九時のオープンまでにやらなければならないことをこなす。店がオープンしたら雇い人たちにまかせておく。佐々木さんは入り口のところに備えてある椅子に腰掛けて本を読んでいるか、訪れる人と挨拶をしたり話をするのを仕事にしている。

私も佐々木さんのことをもっと知りたくなった。どうしてこのレストランを開くようになったのか、どうしてネパールに来たのか、日本では何をしていたのか……。知りたいことがいろいろある。足の怪我でどこにも行けない。時間はたっぷりあった。

佐々木さんは見た目もちょっと変わっている。パンジャビ（地域によってはクルタともいう）と呼ばれる洋服である。七年前にインドで初めて着て、その着やすさがすっかり気に入り、それからずっとそのスタイルだという。ヒンドゥー教徒になったのかなと思ったが、そうでもないらしい。あの「グル」の着ていたものと同じスタイルであるが、オレンジ色ではなく白か薄茶色で、その日によって違う。

佐々木さんがインドへ行ったのは仏教の勉強のためだったらしい。そもそも、真の仏教とは何かを探求し始めたが、日本では答えを見つけることができず、インドに行ったのだそうだ。それから、中国、ベトナム、タイ、ミャンマー、インドと回り、ネパールにたどり着いたという。

「ネパール仏教に感銘したんですか？」

「いや、ネパールに来たのはそのためじゃない。やっぱりヒマラヤの山にあこがれたのが本当の理由じゃなかったかな。でも、ここに来て、自分の存在の意味や、これからどう生きるべきかが分かったんですよ」

佐々木さんは、日本では普通の会社で働き、早期退職して日本を脱出した。高校の時から、自分は何なのか、何のために生まれたのか、何をするべきかという思いに悩まされ、哲学、宗教に入り込み、答えを求める毎日だったらしい。仏教の勉強をしたのもその頃。仕事の合間にお寺に行って座禅を組んだり、お坊さんにもいろいろ聞いたが、納得のいく答えが得られなかった。また、佐々木さんの父親は非常に厳しい人で、折り合いをつけるのが難しく、通常の親子関係を持つことが出来なかったらしい。そんなことも日本を出る理由の一つだった。

「それで、ネパールに来てその答えが見つかったんですか？」

「ああ、分かった。分かりました」

「それは何でしょう？」

「そんなに急がせないで下さいよ」

「ごめんなさい。本当は私はここへランチを食べに来たんです」

私はインスタントラーメンを注文した。日本のインスタントラーメンが食べられるのはカトマンドゥではここしかない。インスタントとはいえ、とてもおいしく料理してある。多分、佐々木さんが教えたのだろう。

「輪廻転生ですよ」

「輪廻転生？　どういうこと？」

「つまり、生まれかわりですよ。最初にネパールに来た時、やはり皆さんと同じように山登りをしようと思いましてね。シェルパをさがしたんです。ネパール人は人なつっこい人種ですからすぐ友達になりました。ある日、そのシェルパから自分の田舎に来ないかと誘われました。そのシェルパの家も貧しかったなあ。日本人の感覚だと、家がみすぼらしいから見せるのが恥ずかしいって思いますよね。でもそんな風には考えないようです。ボクを歓待してくれましてね。感謝感激でした。そこに泊まらせてもらった翌朝、そのシェルパの弟が学校に行くところでした。みすぼらしい格好なんです。骨と皮ばかりでとても十三歳なんて見えない。それなのにニコニコ笑って元気なんです。学校は好きかと聞いたら、好きだよって、何の屈託もない元気な声で答えて、駆け足で学校へ行きました。その後ろ姿を見て涙がでてきました。キューッと感じるものがありましたね」

「同情した？」

「いや、同情じゃない。何というか、彼の後ろ姿に父親を見たんです」

「えっ？　どういう意味ですか？」

「それまで恐ろしい存在だった父親があの世にいき、そしてこの子に生まれ変わったという風に思えてきたんですよ。そしたら、いとおしくて涙が出てきた。何か自分が父よりも大きな人物になったような気がしてきてね、この子の面倒を見なくちゃならない、保証人になろうって思うようになったんですよ」

「へー、それで？」

「その子はまだ十三歳で学校も終わっていませんでしたからね。その子にも親にも何もいわず、それから毎年その家を訪れることにしたんです」

「何年そうしたんですか？」

私は聞くのに夢中になってせっかくのラーメンがのびてしまった。

「その子が高校を卒業するまで続けました。高校を卒業する時に聞いたんです。何をしたいかって。私は彼のしたいことは何でもかなえさせてあげたいと考えていましたからね。そしたら、その子は『カトマンドゥに行って働きたい』って言いました。その子の名前はカマル・グルンといいます。カマルというのは蓮華という意味です。それで、カトマンドゥに連れてきて、まず日本語の勉強から始めました。カマルは手先が器用で絵も上手なんです。それで仏教画の描き方の勉強をさせることにしたんです。二年くらいしましたかね。その間にインドにも連れていって仏教の勉強もさせたんです。しかし、絵を描いて生活をするのは大変です。だから、日本食のレストランを始めて、彼に経営を教えればそれで生活が出来るのではないかと思ったんです」

「それで、このレストランを？」

「そう。彼は頭がいいんです。すぐ覚えてね。日本語もうまく話せるようになった。だから日本人との対応も出来る。ここで出しているメニューはほとんど彼が自分で出来るようになった。今はこのレストランを彼の名義にし、これからも彼が責任を持って経営ができるようにしたんです」

「偉いですねえ。一人のネパール人を助けたんですから。でもレストランを経営できるなんて、佐々木さんはお金持ちなんですか？」

　私が感服して聞いた。

「いやいや、ボクは金持ちなんかじゃありませんよ。普通のサラリーマンの家の次男坊ですから。そしてわがまま言って仕事も早々と辞めちゃったし……。でもネパールではあまりお金はかかりません。ボクが少々働いただけの年金で充分暮らせるんですよ。ボクの兄がいい奴でね。ボクにかわって手続きをしてくれて毎月送ってくれる。ありがたいですよ。それがボクの唯一の収入源なんですよ」

「日本を出てから一度も里帰りしてないんですか？」

「そう、まだ帰っていません。日本のために何も役立つようなことをしていないのに、年金だけもらって悪いと思うんですが、でもボクは何も悪いことをしてもらっているわけではないんですよ」

「そうですよ。若い時に働いた報酬なんだから、悪いなんて思わなくてもいいですよ」

「皆そう言ってくれるんですがね」

「佐々木さんが保証人になっているカマル君は、ラーメンを作ってくれた子ですか？」

「そうです。そうです。でもボクはカマルとは呼ばないでコモロちゃんと呼んでいます」

「どうして？」

「どうしてだか分からないけど、自然にそうなった」

カマルは二十五、六歳にはなっているだろう。背が高くないし痩せ気味だが、仕事は手早いようだ。

「実は助けてもらっているのは私の方ですよ。これで、私の生まれた理由が分かったし、生きてる意味も分かったんだから。それに、話はまだ続くんです」

「ごめんなさい。どうぞ続けてください。何かもっといいことがあるんですか？」

「まあね。その子がカトマンドゥに来てから、ある女性と仲良くなりましてね。実は二年前に結婚したんです。そして今年の春に女の子が生まれたんです」

「まあ、お孫さんが生まれたんですか！」

「私の孫じゃないけど、でも可愛いですよ。その子を見て、自分の生まれかわりじゃないかって思うようになりました」

「おめでたいことですね」

「おめでたいですか。私はそうは思いませんけどね。この世の中、そしてこのカトマンドゥで生きていくのは大変だろうなと思いますよ。ただおめでたいと喜んでばかりはいられません」

「それはそうですけど、もっと素直に喜んでもいいんじゃないですか。うれしいでしょう？」

佐々木さんはうれしさをかくしきれないでいる。レストランの隅々に子供の玩具らしきものがたくさん積んである。全部手作りだ。

「ボクは、これからこの子のために生きる。名前はシッダルータ。意味は大願成就。見て下さい。ボクの作ったその子のための玩具を」

佐々木さんが暇にまかせて作ったのに相違ない。私が面白がると一つ一つ見せて説明してくれた。三十種類ぐらいあるのではないだろうか。皆すばらしかったが、一番感心したのは地球儀だ。直径二十センチぐらいの丸い地球儀は中が柔らかい。抱くと胸の中でぺちゃんとなってしまうような柔らかい地球儀。いろいろな国がアップリケしてある。日本もある。ネパールもある。アメリカもある。これも佐々木さんが作ったのだろうか。本当に器用な人だ。

「地球はこんな風に丸いものなんです。ぎゅーっと胸の中に抱いてもらいたいんです」

「佐々木さん、それって、ちょっと要求が大きすぎるんじゃないですか？」

「そうですかねえ、要求が大き過ぎますかねえ。これも見て下さい」

そう言って見せてくれたのは、これも手作りの馬。いかにもネパールらしい明るい模様の布地が縫い付けてある。その馬に乗って、ハイシ、ハイシとやらせるつもりなんだろうか。子供はまだ生まれたばかりの赤ちゃんなのに。

「ボクはこんなのを作っている時が一番楽しいんですよ。赤ん坊は喜んでくれるかなあ」

「それは喜びますよ。佐々木さんはそんな新しい喜びが出来たんですから、長生きしなければって思います？」

佐々木さんは、新たに出来た生きる目的に向かって、ますます顔を輝かせているみたいだ。

「いや、そんなことはないですよ。ボクはいつ死んでもいい。仏教はいかに死ぬかを教えるものだと思いますよ。もうあの子に言ってあるんです。ボクが死んだらどうしてもらいたいかって。全部あの子に譲りました。だから私の持ち物は何もありません。もういつ死んでもいいようにしてあります。死への心構えもできました。これからの楽しみはこの子の玩具を作ることだけなんです」

そう言って、アハハハと笑った。いかにも悟りきったようだった。

翌日佐々木さんの生まれかわりの赤ちゃんに会った。本当に可愛くて、地球儀と一緒にそのポヤポヤの赤ちゃんをぎゅーっと抱きしめたかった。

佐々木さんとネパールのお孫さん

佐々木さんが作った玩具の数々

佐々木さんの所にいると実にいろいろな人に会う。これから仏教の瞑想に一週間行くところだという香港からの若い女性。普通の会社のサラリーマンで、休暇をとって香港から来たという。その女性は佐々木さんのレストランで朝食の納豆定食を注文していた。朝の定食には、とろろ定食、焼き魚定食もある。

上田さんという女性にも会った。子供を三人育てあげ、退職後、ご主人と子供さんたちから許しを得てカトマンドゥに来た。特に目的もないが、何となく人間の原点に帰った生活をしたいと、五年間の期限を決めて滞在している。その間は日本に帰らないと決めているそうだ。

上田さんはカトマンドゥの中流階級の人たちの住む比較的新しいアパートで一人で生活している。それほど長く滞在出来るのは、ネパールの文化を学ぶという名目で大学に籍を置いているからだ。学生ビザでカトマンドゥに住んでいるが、日本ではとても想像もできないような人との出会いを楽しみたいという。それにボランティアの仕事にも精をだしている。最近では産院で働いた。しかし、患者は面倒をみてもらうだけでは満足せず、あれも頂戴、これも頂戴というおねだりが強くなり、一人の力ではどうすることも出来なくなり、一ヵ月で辞めてしまった。

佐々木さんは、私がワシントンから来たと聞いて、高田さんという七十八歳の男性を紹介してくれた。その人は、ネパールでしか見られないブルーポピーに惚れ込み、それを見るためにカリフォルニアから毎年、時には二、三回やって来る。彼の撮ったブルーポピーの写真もレストランの壁に飾ってある。来たら必ずブルーポピーが見られるわけではないようで、全然見られない年もあったという。それでも諦めずに次の機会をねらうという。

その店で知り合った一番若い人は三十二歳の片岡さんという男性だ。まだ大学院生で、世界の貧困についての論文を書いているのだという。貧乏観光客ではなく、奨学資金をもらっての研究生であるせいか、自分の家で料理などはせず、ほとんど毎日のように佐々木さんの「ロータス」で食事をしている。


痛めた身体を癒すためにもう一つやりたいことは、温泉に入ることだ。カトマンドゥではそれも可能なのだ。ホテルから歩いて行ける距離にあるのだが、足が痛いのでタクシーに乗って行った。「ローヤル華ガーデン」という洒落た名前のレストラン兼温泉だ。露天風呂もある。戸張さんという日本人が経営している。日本人の間ではただ単に「華」と呼ばれている。開店して十七年にもなり、繁盛しているようだ。「華」へ行くと、日本のどこかに行ったように感じる。入り口が竹林に覆われているせいだろうか。竹林があるのはカトマンドゥではこの「華」しかない。客の半分は地元のネパール人らしいが、そこに来る人たちはやはり日本に行ったことのある人たちであるに違いない。温泉と言っても、地下水を沸かしているのだという。それでも温泉の定義には当てはまるのだと戸張さんは説明する。

戸張さんが最初にネパールに来たのは、やはり山。ヒマラヤの山々に魅了されて、それまで働いていた出版業界を退職するとすぐネパールに来た。本格的な登山をしようとしたが、高山病にかかってしまい、高山の登山はできないと判断し、代りにネパールでインドカレーの作り方を学んだ。それから日本へ帰って、軽井沢でインドカレーのレストランを開き、本場のインド人も太鼓判を押すほどの店になったのだが、七年後、やはりヒマラヤ登山客のためのレストランを開こうとネパールに戻った。そして苦労を重ね、ついに温泉付き「ローヤル華ガーデン」を開くことが出来た。

現在では、日本人登山客で、「華」の露天風呂に入って、竹に囲まれたガーデンで日本食をたっぷり食べて帰らない者はいないだろうと思うぐらい客が多い。それと同じぐらい地元の客も多い。外国で日本人だけを相手に商売を成功させるのは難しい。実に賢明な商法である。戸張さんも話し好きだ。怪我をしてどこにも出られない客をつかまえると、ご自分の創作料理をごちそうしてくれる。私はナマズの押し寿司をいただいた。最初はぎょっとしたが、食べるとおいしいのでびっくりした。

食べながら聞いた話をまとめてみると、ネパールという国は、いろいろなカースト、民族の集団である。だから、ネパールを一つの国としてまとめるのは至難の業である。それなのに、ネパールをまとまった一国として扱い、援助しようとするのは難しい。一国としての真意がわからないからである。

この国に住む人々は、それぞれ自分の属するカーストの決まりの中で約束事を守り、生活を営んでいるのである。他者、つまりカーストに属さない者が援助という名のもとに彼らのしきたりを変えようとするのはお門違いというものである。人々がこの地域に住み着いたのにはそれなりに理由があり、その理由が積み重なって歴史が作られていったのであるから、その歴史を変えるのはたやすいことではない。

ネパールはいろいろな作物、植物が育つ恵まれた気候で、たくさんの植物がこの地が原産地になっている。コメ、山芋をはじめ、日本の食べ物や観賞用の花等、ネパール原産が多い。

戸張さんはネパールで活躍している日本人についても詳しい。特に藤村さんという人は特筆に値する人物だという。藤村さんは、日本のコメを作りたいと、自費でネパールに来て稲作をする土地を購入し、五年もの年月をかけてついにコメ作りを成功させた。藤村さんの実績があったからカトマンドゥに日本食レストランはあるのだと戸張さんは言う。その他にも小さなスケールでネパールに貢献している日本人がたくさんいるという。その話もつきない。

日本史に対しても彼独特の持論がある。もともと日本人は縄文人で、後から弥生人が押し寄せてきたのであるが、縄文人は呑み込まれることなく両民族は共存した。言葉も両方使えるようになり、音が縄文語、訓が弥生語というシステムを作ったのである。縄文人は長い歴史のなかで、戦いを逃れて日本に流れつき、弥生人も漢民族を逃れて、あるいは彼らに押されて日本にたどり着いたという。だから日本史で教える日本誕生の話は全部フィクション。天皇の祖先が天から降りてきた大和武尊の御子というのも神話、というのである。

日本の和歌。あれは日本独特の文学、芸術と思っているかもしれないが、インドのタミール語の文学で全く同じような文系の詩形があるとか、とにかく話は尽きない。

戸張さんは実にいろいろな分野に興味を持ち知識も広い。自分の意見をはっきり持っているので、誰かに話して反応を見てみたいという気持がわくのかもしれない。

繁盛している「ローヤル華ガーデン」なのに、もうすぐ閉店するという噂が流れた。それは、レストランの土地はネパール王家の所有地で、戸張さんは王家の親戚から借りているのだが、貸主がカラオケバーのようなものに変えて商売をしたいと言い出して、その可能性をさぐっているのだという。

もし、カラオケバーにすると言われれば、戸張さんはそこを出なくてはならないのだ。戸張さんは新しいレストランの場所を探してみたらしいが、なかなか見つからない。現在と同じような雰囲気のレストランを作るには十年はかかるだろうと言う。もし、新しい場所が見つからなければ、日本へ帰って農業をするという。農業というのも、戸張さんの唱える日本の将来のあるべき姿で、自分の手でやってみたいというのだ。そんな戸張さんの思いを知ってか、王家の親戚はカラオケバーにはしないと決断したようだ。戸張さんもレストランをすぐに閉じなくてもよくなった。

私はある意味では残念だなとも思った。戸張さんが日本で農業をやるのが見たかった。そして、農業をやりながら、日本の将来のあるべき姿を説いている戸張さんの方が戸張さんらしいのではないかなどと、勝手に考えていた。

ここでも思いがけない人たちに会った。元グルカ兵だったという人がお風呂に入ってきた。ゴルカでは元グルカ兵だったという人には一人も会わなかった。露天風呂なので、ついつい話し始める。旦那さんの方は黙りがちだったが奥さんの方が話し好きのようだ。私が日本人だと分かると、日本に行ったことがあり、日本が大好きになってしまったとか、背中が痛いので一週間に一度はお風呂に入りに来るんだとか、旦那さんは十七年間グルカ兵として働き、今はイギリス国籍を持っているとか、退職金、年金はイギリス人と同じなので、それをネパールにもってきたら大金になり、カトマンドゥにビルを建て賃貸収入で生活しているとか、ロンドンとカトマンドゥの両方に家を持ち、行ったり来たりの生活を楽しんでいるとか、話がつきない。旦那様は六十二歳だという。子供は四人で、三人はイギリス人になりロンドンに住んでいる。自分達も老後はロンドンに住みたいという。

そんなことを話していると、疲れがとれてくる。心も癒されていくようだ。

▼夏の雨一降り毎に黒む砂
▼鳥五ツ羽ビルの屋上夕涼み

カトマンドゥの貧民窟と富豪層

佐々木さんの所で紹介された片岡さんは、カトマンドゥで私が知り合った日本人の中で一番若いが、それなのに実に多くの人たちと付き合っている。ネパールの首相にも会って、握手したこともあるという。

私とは二、三度会っただけなのに、「カトマンドゥの貧民窟を見たいですか」と親切に誘ってくれた。そんなところに連れていってもらうチャンスなどめったにない。足はまだ痛かったが、杖を使って見学に出かけることにした。

貧民窟は片岡さんの研究テーマであり、何度も赴いているようである。上田さんも一緒に行くことになった。彼女は学生ビザで来ているが、時間の許す限りボランティア活動をしているらしい。

カトマンドゥの貧民窟はバグマティ川沿いにある。車で橋を往来しているだけでは、橋の下にある貧民窟には気がつかない。

昔から人間は川のそばから住居を構え始めた。それだけ水が大切ということなのだ。川のそばであれば料理も出来るし洗濯も出来るし、水浴もできる。

「最近、あるボランティアグループが川の縁にトイレを作ってくれたんですよ」

片岡さんが言った。確かに薮にかくれるようにして小さな小屋が建っている。

「でも、同じ川の水で料理とかもしてるんでしょう？　水浴も？」

「まあね。でもこの貧民窟はもう長いから、井戸はもう掘ってあるかもしれませんよ」

「そうですか。長いですか。どのぐらい前からここに住み始めたんでしょう？」

「カトマンドゥに人が住み始めた頃からじゃないかな。つまり、田舎から出て来てまず住み始めるのがこんな所で、そしてだんだんお金が出来てくると他所へ出て行くというパターンじゃないかな。でも、ここも貧民窟とはいえ、かなり長いので、いろいろな慈善団体が入って住みやすくなるようにしているようですよ。ですから、どんどん増えましてね」

　我々三人は川に沿って歩いていったが、舗装などはしていないので泥沼だ。時々歩くのを遮られることもある。でも人々はそこを通らなければならない。人が住んでいる小屋の前庭にもあたる。家の中までまる見えだ。家の前の空き地では、日なたぼこをしながらお互いのシラミ取りをしていたり、子供をあやしていたり、座って目の前を歩く人たちを眺めていたりと、みんなそれなりに忙しそうだ。

　中には、家の改装工事もしていた。家々は長屋のようにえんえんと続く。とても最後まで歩き続けることは出来なかった。泥沼に足を取られないためには、しっかりした靴を履いてこなければならなかったのに、私はサンダル履きだった。

　それにしても、人々の表情が明るい。見学に行った私たちが逆に見学の対象になってしまった。私のように、足が悪く、松葉杖をつきながら、泥沼をよけながら進んでいく姿は、この貧民窟ではめったに見られない光景かもしれない。

　こんな貧民窟でも、物乞いをする人はいない。それどころか、私たちが歩きづらい道を通り抜けるのを助けてくれるくらい余裕のある人たちだ。赤子を抱いた若い女性を見かけた。きれいに洗濯した赤い色のサリーを来ている。とても貧民窟に住んでいるとは思えない。片岡さんの貧民窟研究の結論を聞いた。

「ネパールには本当の意味の貧困はない。確かにカトマンドゥ市内でもボール箱の屋根の下で寝て、食べ物を乞う人たちを目にすることがあるかもしれないが、本当の貧困層ではない。というのは、そういう人たちは、大抵自分の村から、自分の好みでカトマンドゥという街に出て来ている。村では大抵土地持ちで、最低限度の食料はそこから得ることができる。こういう人たちは税金を払う必要がないから税金未払いという悩みはない。そこに住む人たちは、仕事がないか、あったとしても収入は少ないから、お互いに助け合い、居場所も食べ物もシェアーするという習慣がある。貧民窟に住むにしても、大抵同じ村からきた人たちがグループで暮らしている。村にいる時と同じような共同生活をし、協力し助け合っているので、一人で悩んだり、孤独死などというのはありえない。このような貧民層と言われる人たちも幸せを感じ、楽しみをもって生きている」

深く知っている人でないと言えないことだろう。

片岡さんは、首相と会うチャンスがあったくらいだから、カトマンドゥに住む富裕層にも知り合いがある。私に「会いたいですか?」と聞く。会いたくない理由などないからもちろんオーケーした。

彼は、最近知り合いになったという、銀行のマネジャー、ミヌさんを紹介してくれた。忙しい仕事の中、私に会う時間を作ってくれたのだ。彼女の働く銀行は、日本をはじめ各国の慈善団体からネパールに入ってくる資金を一手に扱っているそうだ。だから、外国のお客さんは皆大切にするのだろうか。私は大金と縁のある人物ではないが、もしかしたらと思って会ってくれるのかもしれない。片岡さんの奨学資金もこの銀行に入るのかもしれない。

えんえんと長屋のように続いている貧民窟

シラミ取りの様子

貧民窟で見かけた美人の母娘

私と片岡さんは、銀行に入るとそのままマネジャーの部屋に向かった。誰も止める人はいない。ミヌさんは、紹介されるとすぐ、いきなり自分はチャトリだと言った。それほどカースト、部族名が大切なのか。チャトリは王家と同じ部族なので、カトマンドゥでは政治家や銀行家が多い。いわゆる支配階級なのだ。

品の良いブラウスに、黒のズボンを履いているので、ニューヨークの銀行のマネジャーと全然区別がつかない。「サリーじゃないんですか？」と聞くと、その日の気分によって、サリーを着たり、西洋風のブラウスを着たりするそうである。

片岡さんによれば、ミヌさんは何度もアメリカや日本に行っているし、親戚、家族の多くがアメリカやカナダに移住しているので、考え方もマナーもほとんど西洋式だそうだ。もっとも、それほどの大銀行のマネジャーであれば当然かもしれない。英語も日本語もできるのだ。

噂によれば、ネパールの金持ちはアメリカやヨーロッパの金持ちと同じか、或はそれ以上なのだそうだ。国連や、アメリカをはじめ主要先進国、そして国際慈善団体がネパールの民主化を早めようとつぎ込んだお金がどうなるか。ネパール政府はそれを国民のため、民主化のためには使わず、自分や親戚の懐にせっせと入れていた。こうした汚職は国際的にも知れ渡っているし、ミヌさんもそのことで頭を悩ましていた。

「今度こそ、と思ったけれど、やっぱり駄目なんですよ」

「でも、まさかマオイストは汚職なんてやらないでしょう？」

「誰でもそう思いましたよ。だから、この前の選挙の時には期待して皆投票したと思いますよ。

でもやっぱり同じ。今の政府はどうせ長く続かないから、今のうちに出来るだけ資金を確保しておこうと思ってやっきになっているんですよ」

ミヌさんは、私がアメリカから来たと分かると、それまで抑えていたアメリカに対する恨み、批判があふれ出た。

「アメリカが一番悪いんです。金さえだせば何でも解決すると思っている。アメリカ人は金をばらまいてさっさと帰ってしまって、後の責任を取らない。いっそのこと、ネパールへの一切の援助金をカットすればいいと思っていますよ。ネパールのためにはずっといい。汚職する金がなくなれば、第一歩からやらなければならないでしょう。その時、誰が本当に国民のことを思っているかが分かりますよ」

ミヌさんはまだ若い。四十代前半のように見える。将来政治家になるかもしれないと思いながら彼女の主張を聞いていた。

「アメリカは金をばらまいて、いいことをしているような顔をして、一方ではネパールから宝を盗んでいっている」

「どういうことですか？」

「冬虫夏草ですよ。それを知らぬ振りして盗んでいく」

「それは何ですか？」

ミヌさんは、アメリカ人が盗んでいくという冬虫夏草の話をしてくれた。それは、ヒマラヤの山奥にしか見られない植物だ。冬には毛虫のように土の中を這っていて、暖かくなるとその虫から根が出て、植物のように、茎が出来てどんどん延びていって夏には花をさかせるという不思議な植物なのだそうだ。これをどうして見つけたか。

ヒマラヤを歩く時、荷物を運ぶのにロバを使う。ロバは、身体が小さくて痩せているが、強くて病気にならない。これに気付いたある中国人が研究を重ねて、それはロバが春になると冬虫夏草という植物を食べているからという結論に達したのだそうだ。それからというもの、漢方薬の方でも研究を重ね、冬虫夏草は人間にもあらゆる病気の免疫に役立ち、バイアグラの代わりにもなるということも分かった。

そうなると、マーケットで高く買われるようになった。最近は金よりも高く売れるので評判になり、奪い合うように冬虫夏草が摘みとられた。ついに政府が介入し、ライセンスを発行するなど統制するようになったのだそうだ。

とにかく、アメリカ人の評判が悪いのだが、ミヌさんの敵はアメリカ人ではなく中国人なのではないのか……。

▼どんどんと下る濁流炎天下
▼オレンジの朝日に春の月朧

第４章

活躍する日本人

近藤亨さんとムスタンリンゴ

ムスタンは、カトマンドゥの高地にある町である。アンダームスタンとアッパームスタンに別れていて、アンダームスタンが海抜二千七百メートル、アッパームスタンとなると三千八百四十メートルという高地である。

ムスタンリンゴというリンゴがある。カトマンドゥに行ったらぜひとも食べてみたいと思っていたのだが、特別のスーパーマーケットで予約しておかないと買えないのだという。

ムスタンのリンゴ園についても話に聞いていたので、いつか訪れたいと思っていた。そのリンゴ園ではボランティアを募っているとも聞いていたので、私も仕事を手伝いたいと思った。しかし、足を怪我してしまったのであきらめていた。

怪我の治療のためにカトマンドゥのホテルでゆっくりしていた七日目の日、近藤さんという人が私に会いたいというメッセージをもらった。

近藤さんといえば、ムスタンのリンゴ園を始めた近藤亨という人がいる。カトマンドゥにいる日本人の間では「天皇陛下」というあだ名があるくらい、ある意味では権威のある方だ。その近藤さんなのか？　私は面識はない。ただ、そのリンゴ園を訪れてみたいということをワシントンに住む山崎さんに話したことはある。

山崎さんは山好きのビジネスマンで、退職後、日本の山をあちこち登ったが満足せず、ヒマラヤに挑戦したくてネパールを訪れ、そこで近藤さんと知り合った。山崎さんは近藤さんに惚れ込み、近藤さんのリンゴ園でボランティアとして一ヵ月も働いた。

帰国後、山崎さんは近藤さんをワシントンに招待し、近藤さんの仕事のすばらしさを日本人たちに紹介した。その時、私は日本にいたので近藤さんにはお会いできなかった。今回、私のネパール行きを知った山崎さんが私のことを近藤さんに話したのだろう。

私はすぐにお会いしたいと返事をした。すると、近藤さんは迎えの車を回してくれた。近藤さんはカトマンドゥにあるムスタン地域開発協力会という団体の事務所に併置されている宿泊所に滞在していた。通院のためたまたまカトマンドゥに来ていたのだという。

近藤さんは九十二歳。癌をわずらい、しばらく日本で治療を受け、つい一ヵ月前にネパールに帰ってきたばかりだった。「大丈夫ですか？」とお聞きした。

「大丈夫、大丈夫。私は大丈夫って言うんですが、周りの者が大丈夫でないと言って、病院に連れて行くんですよ。オーイ、たばこ。たばこを持ってきてくれないか」

近藤さんの身の回りの世話をしているネパール人のおじさんが煙草をもってきた。

「たばこなんか吸って大丈夫なんですか？」

「大丈夫。これはネパールのたばこですからね。もう癌になってしまってるんだから、煙草を止めたからって癌がなおるわけじゃない。それに、この煙草は本当においしいんだよ。日本にいる時には煙草なんて全然興味なかったけど、ネパールに来て標高の高い所で働き出して、そういう所でのむ煙草の味って何とも言えないほどおいしいんですよ。そこで煙草をおぼえて、それから止められなくなってしまった」

それにしても九十二歳だ。心配ではないか。

「今回病院に来た理由は、癌だからじゃないんですよ。実は、これまでかかったことがないんですが、ムスタンに着いた時、高山病のような症状になり、心臓がキューンとなりましてね。それでカトマンドゥまで治療に来たんですよ。私は病院になんか行かなくても治るって言ったんだけど、連れて来られてしまった」

山崎さんのことも、ワシントンのことも良く覚えておられた。近藤さんはアメリカ嫌いらしく、山崎さんとよくやり合ったそうだ。ワシントン招待の動機は、近藤さんにアメリカをもっと知ってもらいたかったからなのだろう。

私はボランティアとしてお手伝いしたいが、足を怪我しているので行けないと言った。

「歩けなくても大丈夫。ボクだって歩けないんですよ。でも馬がどこにでも連れていってくれる。貴女もその馬を利用したらいい。ボクの馬を貸してあげますよ。是非来てください。どうですか。私ももうジョムソン（MDSA-Mustan Development Service Association のオフィスのある所）に帰りたいから、一緒に行きませんか」

行けないと言いに来たのに、結局一緒に行くことになってしまった。

近藤さんは、癌が発見される前、七十五歳の時に脳梗塞を起こしている。その時、近藤さん

92歳の近藤亨さん

ムスタンに一緒に行きましょうと誘われる

を支えていた日本の後援会が解散してしまった。それでも近藤さんは生き返った。そしてネパールに戻ってきた。二十歳の時には結核を患い、学校を一年間休学したこともあるそうだ。つまり、身体があまり丈夫ではないのだろう。そして今度は癌。絶対駄目だと言われても近藤さんは生き続けたいと願っている。そんな近藤さんの意気込みを後押しをするように、解散した後援会が「白嶺会」という新しい名前で活動を再開したという。

「是非、有沢さんに会ってもらいたいですね」と近藤さんが言う。

有沢さんは、近藤さんの講演を聞いて感動し、共鳴して、近藤さんのリンゴ園で働くことを申し出た。働き始めて二年になるという。

「実にいい子でね。絶対信用出来ます。若いけど、実にしっかりした考えをしている」

近藤さんは有沢さんをべた褒めだ。

近藤さんがリンゴ園を始めたのは十五年前。標高が高いムスタンで稲作ができないか試してもらいたいと政府から頼まれた。近藤さんは、当時のコイララ首相と懇意にしていた。近藤さんは若い頃、ＪＩＣＡ（Japan International Cooperation Agency、国際協力機構）の仕事でネパールに十六年も滞在し、その時、首相と懇意になったらしい。

近藤さんの専門は農業である。稲作の研究所で働いていて、ＪＩＣＡからネパールに派遣されたのである。そして十六年が経ち六十歳で退職したが、ひき続きネパールのために貢献したいと思うようになった。

老後は静かに日本でという家族の反対を押し切り、財産を整理し、奥様とは離婚し、退職金を持って一人でネパールにやってきたのである。そして、コイララ首相に、ネパールの将来のために一生を捧げたい旨を伝えた。首相は感動して、それまで不可能と言われてきたムスタン地方での稲作の栽培を成功させてくれるように要請したというわけなのである。その経緯、苦労話は近藤さんの著書『ムスタンの夜明け』に詳しい。

最初は稲作から始めたが、リンゴの木が枯れてしまうという相談を村人から持ちかけられ、それからリンゴ栽培にも力を入れるようになったらしい。

近藤さんが稲作やリンゴ園を始めたムスタンは、ネパールの中でもちょっと違っている。一三五〇年にアメパルによって建国されたムスタン王国は、プリトウビ・ナラヤン・シャハがネパールを統一した時も、独立を保つことが出来た。二〇〇八年にネパールの一部として加えられるまで自治権が与えられていたのである。今でも特別扱いになっているのである。

初めてムスタンに欧米人が入ったのは一九五〇年という記録があるが、それ以後、外国人の入国は拒否されてきた。一九九一年に一応開国されたが、ムスタン国、特にアッパームスタンに入るには五百ドルという高い入国料が取られる。それに、二人以上でないと国内を旅することはできない。

もちろん近藤さんは許可証は必要ないが、私は旅行者なので入国料を払い、ネパール政府公認の旅行会社を通して許可証を取って行かなければならない。カトマンドゥにあるムスタン地域開発協力会のオフィスで手続きをお願いしなければならない。

ムスタンは決して近くない。飛行機でまずポカラまで飛び、そこで乗り換えてムスタンの首都ジョムソンまで行くのだ。ポカラまでは毎日飛行機は出ているが、ジョムソン行きの飛行機は一日に二便しかないうえ、風の強い日には飛ばない。だから時には三日も、四日もポカラで足止めされることがあるという。近藤さんの甥御さんがわざわざニューヨークからジョムソンにいる近藤さんに会いに来たのに、四日間飛行機が飛べず、とうとう帰国の日が来てしまい、近藤さんに会えずにニューヨークに帰ってしまったこともあったという。

そんな話を聞いたりしている私も帰国の日が迫っている。せっかく近藤さんと一緒にジョムソンに行きましょうと言ったものの、不安になってきた。しかし、話を聞けば聞くほど行きたいという気持が強くなった。

▼日本の魂ささげしりんご園
▼虹鱒や刺身の味に疲れ取り

ムスタン王国にある農業試験場

ムスタンには今でも王様がいる。王様は標高三千五百メートルにあるアッパームスタンに住んでいる。「ムスタン」とはチベット語で「肥沃な平原」という意味らしいが、そんなに高い所に何が育つのだろうと不思議に思う。今は登山客や旅行者から高い入国料を取るので、それだけでも相当の収入になるだろう。たかだか人口九千人の小さな王国なのだ。

それでも、ムスタンはチベット仏教徒や研究者のためには重要な地になりつつある。ムスタンが独立国だったころはチベットの影響が大きく、多くのチベット人が移り住んでいた。中国人がチベットに侵入して来た時、多くのチベット人が避難民としてムスタンに逃げてきたが、中国はムスタンまでは侵入して来なかった。従って、チベット仏教はその当時のままでムスタンに残っているとされている。だから、チベット仏教を知りたかったらムスタンに来るべきと言われているくらいなのだ。

ポカラからムスタンの首都ジョムソンに入るには飛行機しかない。陸路もあるが、道が整備されておらず危険なのだ。飛行機では三十分くらいの短距離なのだが、毎日飛んでいるわけではないし、気象条件によっては飛べなくなるので、これまた大変だ。ムスタンの秘境と言われるゆえんであろう。

私がムスタンに向かった日は運良く飛ぶことができた。ポカラで泊まっても、翌日飛べるかどうかは、その日の朝の風の具合によって決まるのである。時間に追われている人は秘境ムスタンには行けない。私は本当に運がよかった。

飛行機がポカラの飛行場を離陸した途端、思わず息を呑んだ。窓の右側にはアンナプルナ、左側にはダウラギリ山が見える。突然、八千メートル級の山々が眼前に迫ってきて息がつまりそうだった。しかし、あっという間にジョムソンに着いてしまった。もっと見ていたかったのに、本当に残念だった。

ムスタン地域開発協力会（ＭＤＳＡ）のオフィスはムスタン飛行場のすぐ近くにあり、有沢さんが迎えに来てくれていた。

首都とはいえ、こんな山の上の町には何もないのではと思ったが、ホテルも五、六軒あり、インターネットも使える。ＷｉＦｉも大丈夫のようだ。電線もあるので、電気もきているようだが、私が着いた時間帯は停電だということ。その日の停電は三時間だったのでやがて電気がついたが、到着の興奮でそんなことは全然気にもならなかった。

ＭＤＳＡのオフィスの窓からニルギリ山の頭が見える。壁には、近藤さんが農場を始めた時や、その後、数々の賞をもらった時の写真がびっしり。そして、近藤さんが初めてここに来て、この仕事をするにあたっての覚悟を表した近藤さん自身の漢詩の掛け軸がある。それらをゆっくり見る間もなく、「じゃ、もう出かけますか？」と有沢さんが言った。

いくら働き者だからとはいえ、まだ朝の九時だ。それに着いたばかりだ。ちょっと戸惑っている私を察して有沢さんは説明した。

「この辺は、今の時期は風が強くて午前中しか外に出られないんです。馬が外で待ってます」

有沢さんはさっさと私の先に立って外に出た。

天気は素晴らしく、青空が山のかげまで広がっていて、一気に天に近くなったような錯覚さえ覚えた。

「この馬です」

有沢さんは白い馬をさして言った。一回り普通の馬よりは小さい。ロバかなと思ったが、確かに馬なのだそうだ。馬に乗ったことがあるとはいえ、五十年も前のこと、ちょっと恐かった。

「大丈夫かしら？」

「大丈夫、大丈夫。この馬は近藤さんの馬なんです。近藤さんになれていますから、貴女にもすぐなれますよ。それに、この馬方さん上手だから大丈夫」

そう言われて信用することにした。馬の背に乗ってしまえば、後は馬に合わせてバランスを取りながら座っているだけなのだから、大変なことはないのだ。

ジョムソンは標高二七四三メートルもある。まわりの景色も下界とは随分異なる。まず、木がない。どこもかしこも岩肌が突き出ている。歩く道も石ころだらけだ。景色はいくらすごくても、自分の足で歩くのは、ほとんど不可能だったろう。

「有沢さん、貴方は歩くのは大丈夫ですか？」

馬の右側に馬子が歩き、有沢さんは左側をてくてくと歩いていた。いかにも元気な声がかえってきた。

「ボクは毎朝この道を歩いて行くんです。なれてます。なれれば全然大変じゃありません。三十分もかかりませんよ」

とはいえ、風が強い。太陽の光線を避けるためかぶっていた帽子も吹き飛ばされて全然役に立たない。平らな道や上り坂はまあまあだったけれど、下り坂になると馬の上でも恐かった。

やがて川の縁に来た。

「橋を馬で渡るのはちょっと危ないので、降りて自分の足で渡ってくれませんか」

これも恐かった。川の流れがごうごうと早い。七月の川は山からの雪解け水であふれているのだ。

やがて着いた所が農業試験場。近藤さんはコイララ首相にその地域を任せられたのだ。その時は近藤さんが完全に退職し、日本での財産整理をしてからなので七十歳を越していた。それから始めたプロジェクトなのだ。

急に緑の木々が見えてきたのでびっくりした。そこが近藤さんが稲作や野菜、果物の木を植えて成功し、村人たちを驚かせた所なのだ。

リンゴ園にはリンゴの木はあったが、今はリンゴの季節ではない。そのかわり杏が鈴なりになっていた。杏は生で食べても干してもおいしい。私はそれから毎日杏をかかさず頂いた。近藤さんは杏ばかりでなく日本の梅も植えた。それも良く育ってたわわになっていたが、土地の人たちは梅干しなどをつけたりしないので、結局、試験場にいる日本人たちが自分たちで赤ジソを植え、梅干しを漬けるだけにとどまっているのだという。

その近辺にはリンゴは土地の果物として最初からあったのだが、粒が小さくて、あまりおいしくなかったのだそうだ。それで七、八年前、近くのシャン村の人たちが近藤さんにアドバイスをもらいに訪れてきたのだそうだ。それで近藤さんは、リンゴは徹底的に剪定をしなければ大きく、おいしくならないのだということを村人たちに教え、自分の試験場で見本を示したという。それから、このムスタン地方で取れるリンゴは大きくておいしいという評判になり、今はカトマンドゥに持っていくと、リンゴ類では一番高価なのに、予約をしなければ買えないくらいの人気商品になった。

世界の慈善団体がヒマラヤの緑化を目指してジョムソンに来ては試験的に木々を植えるのだが、皆失敗に終わるという。それで、ネパール政府は近藤さんにどうにかしてくれと依頼してきた。

近藤さんはまず土作りから始めた。他の団体は木を植えただけだったが、近藤さんはクローバーなどの肥料になる草を植え、他の雑草も生えるような土を作ることから始めた。それに牛の糞などの肥料を加え、水をやれば、たちまち元気を取り戻す。そうして時間をかけて土を肥やし、水を充分にやればどんな木でも育つと近藤さんは疑わない。

確かに、ただ苗木を植えただけでは駄目だということがよく分かった。また、雨水もたまったままにしておくと水が腐ってしまう。回りの木々も腐らせるので、きれいにしなければならず、農作業にはきりがない。そんな作業を近所の村人たちを雇ってやらせるのだ。私が見学に行った時には五、六人の村人たちが堀を作って、水がうまく流れるようにする作業をしていた。

その日見学した所は、作業が半分だけ終り水が流れはじめていたが、後の半分はこれからやるという所だったので、明らかにその違いがわかった。今は、近藤さんに代わって有沢さんが村人たちに教え指導している。最近は杉、松、桂、柳等すべて育つという自信がついたようだ。

それからビニールハウスも見せてもらう。ネパールの胡瓜ばかりでなく、日本の胡瓜、茄子、トマトはもちろん、二種類のメロンやスイカなども植えていた。すべてよく育つという。ビニ

ムスタンエアポート

ムスタン訪問は
馬で

MDSAのオフィス
から見えるニルギ
リ山

近藤さんの決心を表した漢詩

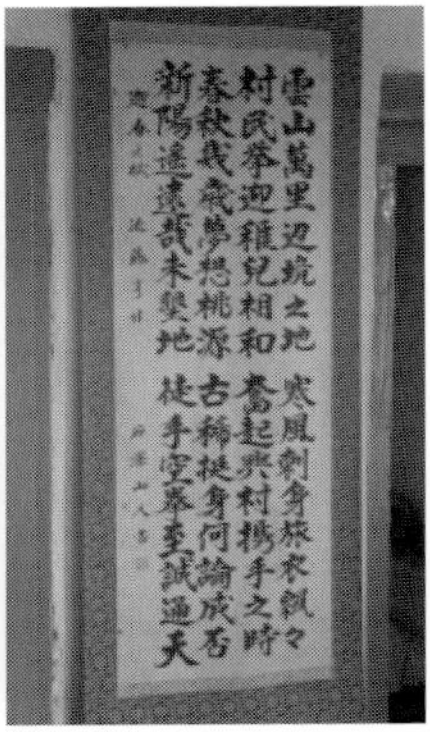

農業試験場でたわわに実っている果物

農業試験場
の野菜畑

ヒマラヤ
の雪解け
水を利用
して水田
を作る

ールハウスの中では育つが、ビニールハウスを作るにはお金がかかる。その資金をどこかで調達しなければできないことだ。

稲作も、ジョムソンばかりでなく、アッパームスタンで成功させたのだそうだ。ムスタン王その人自身が近藤さんの仕事振りに興味を持ち、自身でリンゴ園を作りたいと協力を求めてきたという。有沢さんは先月近藤さんのお供でアッパームスタンまで全行程馬で行ってきた。近藤さんは歩けないのだから。

全然問題なかったと有沢さんは淡々として言うのだが、私は、まず五百ドルの入国料を払って旅行会社の案内人を雇っていかなければならない旅なので、ちょっとやそっとで行ける旅ではない。近藤さんも有沢さんも入国料を払わなくても自由に行けるとはいえ、馬に頼ってでも、アッパームスタンまで行こうという近藤さんの気力は何なのだろう。

農業試験場にはボランティアが七人くらいは宿泊出来る施設がある。日本の慈善団体が寄付したらしいが、近藤さんが心筋梗塞になったり、癌になったりするたびにボランティアの数も日本でのサポートグループのメンバーの数も減った。現在は小林さんというご夫婦が一組しかボランティアとして働いていない。

小林さんご夫婦が働き始めてから一年目。二人には二歳になるアミちゃんという女の子がいる。その子供が可愛い。誰にでもなつき、裸足でその辺を走り回って蝶を追いかけている。

「何も不便感じませんか？」という私の質問に、「こんな生活を子供に体験させたくて来たんです」という返事がかえってきた。

二人は七年前ネパールに旅行した際、近藤さんのことを知り、ここでボランティアとして一カ月間だけ働くという経験をしている。結婚して子供ができたら、こんな所で育てたいということで意見が一致し、子供を連れて再び訪れたということなのだ。

「人間の原点に戻りたいんです」

小林さんは、無口であまり話はしないけれど、肝心なことは力強く言う。

その夜、有沢さんは私のためにディナーパーティを開いてくれた。小林さんご夫婦もアミちゃんも加わってにぎやかになった。そこで虹鱒の刺身がでた。近藤さん自慢の虹鱒だそうで、試験場の中にヒマラヤの山の雪解水を利用して試験的に養殖されている虹鱒なのだ。そこは二日目に見学する予定だということであった。

魚の養殖も可能だということを提案したかったのかもしれない。もし魚がヒマラヤで養殖出来るようになれば、今までのように、インドからの輸入にたよらなくてもすむことになり、値段的にも随分手に入りやすくなるだろう。しかし今のところ、近藤さんたちは興奮しているが、地元の人はいっこうに興味を示さないそうである。設備にお金がかかりすぎと考えているからなのか、鱒を食べなれていないからなのか……。

とにかく私は、ヒマラヤで育てられた虹鱒の刺身にありつけるなんて、それこそ想像外のことだった。このオフィスで働くコックさんを訓練し、刺身がさばけるように教えたのだという。教えれば何でも覚えられる。刺身のつまに、やはり試験場で取れた大根と玉葱の千切りが出て来て、これもおいしかった。わさびがあったら最高だったのにと、それだけが残念だった。

農業試験場の見学は、二日目も朝早くから馬が用意され、まぶしい太陽にさらされながら、とどこおりなく終わった。近藤さんは、野菜や果物や、木々の栽培ばかりでなく、動物の飼育も手掛けている。八頭もの牛を飼っている。ミルクも毎日しぼっている。鶏も飼って、必要な毎日の卵も試験場から得ている。唯一つうまくいっていないことは、養鶏。いままで自然状態で飼育するという案でやっていたが、雄と雌を一緒に飼うと、雄が雌鶏をつついて、丸裸にしてしまうのだという。雄鶏の数を減らしていろいろ試してみたが、だんだんよくはなっていても完全には快復していないという。

こんなに丁寧な見学をさせて下さった有沢さんには何とお礼を言っていいのか分からなかったが、「来た人には皆そうするんですから、遠慮などしなくていいんですよ」と実に淡々としている。日本では空手を教えていたそうである。それも沖縄空手。私は全然空手のことはわからなかったが。

「ジョムソンの人たちにも空手を教えようと始めたんですが、まだこれからっていうところかな」

いかにものんびりしている。急ぐことはない。まだ二十六歳になったばかりなのだ。

▼ヒマラヤの山に大根白まぶし

▼金風を聞きて岩山今日も越す

ムクティナートへ巡礼の旅

ムクティナートは有名な観光地である。そしてヒンドゥー教徒にとっては大切な巡礼地でもある。私自身はヒンドゥー教徒でもないし、ムクティナートを訪れるつもりはなかった。しかし有沢さんは、農場の見学が終わったらそこへ行くとばかり思っていたらしい。足の怪我も治っていないので躊躇していると、彼は言った。

「せっかくここまで来たんですから行ってらっしゃい。ここで働いているミラをお供につけてあげますから。ミラも喜ぶと思います。しばらくぶりの休暇になるんですから」

ミラさんは四十代の女性で、ヒンドゥー教徒である。だからムクティナートには何度も行ったことがある。巡礼は功徳があるので、誰かのお供をすることを嫌がるヒンドゥー教徒はいないという。

ムクティナートにはジープで行く。ジープの乗り場までは三十分ぐらい歩かなければならないが、近藤さんの馬が連れて行ってくれた。ジョムソンの許可証とムクティナートの許可証が必要とのことだったが、ＭＤＳＡオフイスのオパールさんが、行くことを予測して、カトマンドゥですべて整えてくれていた。

私たち二人を乗せるとジープはすぐに出発した。客は二十人はいただろう。三十分もしないうちにジープが止まった。一体何事かと思ったら、全員降りて、歩いて川を渡らなければならないという。カリ・ガンダキ川には橋がないが、ジープで渡る予定だった。ところが、前日の雨で増水し、ジープでは渡れなくなってしまったのだ。

乗客はさっさと降りて裸足になって川の中を歩き始めた。何度も経験しているのだろう。ミラは私に、靴を脱いで裸足になりなさいという。私は、この足で、どろどろした土にかぶさったゴツゴツした石や岩の上をすべらないでうまく向こう岸までたどり着けるか自信がなかった。靴のままのほうがすべらないと思って靴をはいたまま水の中を歩き始めた。ミラは裸足で渡った。

やっとの思いで向こう岸にたどり着いた。ミラは、泥水で足を洗いすずしい顔をしていたが、私はどろどろになった靴を脱ぐこともできず、靴下だけを脱いで、そのまま歩き続けた。

ジープの乗客の三分の一は川を渡った所の村の住民らしく、歩いているうちに一人減り、二人減りして、やがてもう一台のジープがやって来た時には、人数は半分ぐらいに減っていた。

ジープの行く道のなんと荒れていることか。道全体がごろごろ石なのだ。どこが道かわからないほどだ。車輪の跡があるからかろうじて道だと分かる。これでも政府が二年前に整備した道路だという。この道が出来る前は人々は歩いていた。ジョムソンからムクティナートまで往復十四日かかっていたのが、ジープで行けるようになってからは一日で往復できるようになった。村人たちはそれだけでも感謝なのである。

砂か岩でできた山々が次から次へと連なっている。どこで終わりになるか予想もつかないほど延々と続いている。そんな山肌に沿って、人の歩く道がどこまでもどこまでも続いている。政府は、車用の石ころ道をもっと川に近くなるように作ったようだ。

とても人が住めそうにないような所にも人家が現われる。本当に不思議な気がする。なぜこんな所に住みついたのか。宗教的に聖なる所なのだろうか。

やがてムクティナートに着いた。ジープはお寺の境内か近くに着くと思っていたのだが、そうではなかった。小高い山の中腹に白い柵があり、その先にお寺があるとミラは言う。それを早く言ってよ、と言いたかったが、ここまできてしまったのだから歩くしかない。

「ゆっくりでいいですよ」とは言いながら、ミラの歩調はだんだん速くなっていく。五百メートルはあるのではないか。小雨もしょぼしょぼ降り始めてきた。しばらく歩いていくと、オートバイが五、六台停められていた。あのオートバイで上まで行ってくれないかしらとミラに聞いてもらった。それは新しく始めた商売で、私のような人を乗せるのだという。

「いくら?」と聞くと、「二五〇ルピー（百六十八円）」と言う。安い！　さっそくそのオートバイで上がることにした。

ミラはどんどん走って行ったが、私のオートバイはすぐに動かなくなってしまった。今度は何なんだ……。ガソリンが空っぽなんだという。「こんな商売を始めたんなら、いつも満タンにしておきなさいよ」とどなりたい気持ちだったが、ネパール語がわからないからだまっているしかなかった。結局、別のオートバイが来て、やっと上までたどりついた。

ムスタンで一番の聖地として有名で、巡礼者も観光客も多いと聞いているわりには、その寺のあまりの小ささに驚く。メインのお寺に入るには草履を脱がなければならないのだが、番人は、私が足が悪いと分かってか、それとも客が少ないからか、脱がなくてもいいと言ってくれた。雨も降っているので靴をはいたまま中に入った。

小さな境内には、さらに小さいお寺があるが、金色の扉がぴったり閉まっていて中は見えない。せっかくきたのに残念と思っていると、ミラは、「今はオフシーズンだから開けないんだって」と言う。ミラは何度も来ているから何とも思わないようだ。

そうこうしていると、尼さんが現れ、「開けてあげる」という。尼さんの後ろから中をよく見た。賽銭箱のようなものがあり、お金が積んであったので、私もお賽銭を入れた。お堂の中にはローソク一つなく、薄暗くて何が何だか分からない。ただうっすらと三つの像があるのは分かった。ミラに聞いた。

「あれは何の神様なの?」

「知らないですよ。何の神様でもいいんです。それはあんまり大切なことじゃないんです」

ネパール人は、最初は仏教徒だったが、シャハ家がカトマンドゥを支配するようになった時、王は自分の宗教であるヒンドゥー教を押し付けなかった。人々は仏教とヒンドゥー教を融合したような宗教を信仰するようになった。ムクティナートもインド人にとってはヒンドゥー教の聖地だが、土地の人にとっては仏教の聖地でもあり、その前からあった土着のボン教と言われる宗派の聖地でもある。自分の信仰に従ってそれぞれのお寺を立てているようだ。たまたま私たちがお参りしたのはヒンドゥー教のお寺だったが、そこには仏教のお寺もあるようだ。たしかに、山際のあちこちにチョルテン（仏塔）のようなものがある。あちらこちらに白い石が積み上げてあるのは仏教徒の墓ではないだろうか。しかし、足が悪い上に、雨ときているので、そこまで行って確かめる勇気はなかった。

帰りもオートバイで山を下りた。このオートバイなしでこれだけの山を登ったり下りたりできたかどうかわからない。ミラは、偶然自分の村から巡礼に来ていた知り合いの二人に会ったので、三人でおしゃべりしながら楽しそうに歩いて下りて来た。

ジープは人数が揃わないと出発しない。ランチタイムも過ぎているので食事をと思ったが、オフシーズンだからか、どのレストランも閉まっている。それでも一軒の農家でインスタントラーメンなら作ってあげると言われたので、私たちはそこでラーメンをすすりながら、ジープの客が揃うのを待った。

やがて、山から登山客が下りてきたので出発することになった。一人はイスラエル人、後の三人はフランス人で、カトマンドゥで会ってグループを組み、十日間の登山をしてきたのだという。私の隣に座ったイスラエル人は、「十日間お風呂に入っていないので、臭うけどごめん」と挨拶した。四人の身体の大きいヨーロッパ人とガイドがジープの中に入ってきた時には、プーンと臭って、思わず鼻をつまみたいくらいだった。

帰りも、石ころだらけのがたがた道だ。水が溢れている川の所に着いた。また歩いて渡らなければならないかと覚悟していたが、今度のドライバーは若いせいか、何とその川をジープで渡るという。確かに朝よりは水は引いている。ジープは思いっきりエンジンをふかして川を進み始めたが、右に左にすべり前に進まない。それでもドライバーは必死になってジープを進めようとしたが、とうとうエンジンが停まってしまった。それも川の真ん中だ。やはり向こう岸まで歩くはめになってしまった。

それでも誰も文句は言わない。地元の人は裸足になり、登山者は靴のまま泥川を渡った。そこにいた男性たちは、足の悪い私を助けてくれた。前からひっぱったり、泥水に入らないようにと、大きな石を投げて足場を作ってくれたり、後ろから支えてもらったり……。

ジープの出発地点まで戻った時には、みんな大きな安堵のため息をついた。私にはＭＤＳＡの馬が待っていた。ちょうど子供たちが学校から帰って来る時間だったようだ。馬の姿を見て、はしゃぎながら馬のまわりを走り廻る。私はまるで凱旋する勝者のような気分だった。

▼岩山を横に飛びけり山雀

▼からももやヒマラヤ荒地潤して

あとがき

ネパールに行く前は、遠い国と思い、一度でいいからあの神々しい山々を自分の目で見てみたいと思っていた。しかし、三度訪れても、まだ満足していない。

ネパールは山だけではないと、訪れるたびに思う。そして、もっと知りたいという欲望にかられる。ネパールに行ったからこそ知り合った人々もたくさんいる。そんな人たちが直接、間接に私の残りの人生を形作っている。

ネパールにはなるべくたくさんの人に行ってもらいたいと思う。目的は何でもいい。ただ行くだけでいい。そしてなるべく長く滞在してほしい。そうすれば必ず何かが得られると思う。

私は一介の老いた旅人である。もし、この本の中に間違いを見つけても大目に見てくださいとお願いしたい。そしてご指摘下さると同時に、皆様がネパールに興味を持ち、いろいろ調べて下さるなら、願ってもないことである。

相変わらず日本の自殺者は増え続けているようであるが、すばらしいＤＮＡを持つ日本人の若者がみすみすこの世から消えていくのは、あまりにもったいないと思う。

政府か慈善団体が、そういう人たちをネパールに送ってくれないかと心底願うのである。そして、その人たちにはヒマラヤの山々に落ちている塵拾いをしてもらいたい。いいことを一つでもしてから死を考えても遅くはないと思うのである。

▼汗に満つバス渓谷を横切りて
▼名無し岩名無し滝ある峰を越し

参考文献

『地球の歩き方　ネパール』ダイヤモンド社
『ネパール仏教』田中公明・吉崎一美、春秋社
『ネパール王制解体』小倉清子、日本放送出版協会
『ムスタンの朝明け』近藤亨、かんぽう
『ムスタンへの旅立ち』近藤亨、新潟日報事業社
『夢に生きる』近藤亨、講談社

Nepal, Lonely planet.
Nepal, roughguides.
From Goddess to Mortal Rashmila Shakya as told to Scott Berry, Vajra Publications.
A History of Nepal, John Whelpton, Cambridge.
Unleashing Nepal, Sujeev Shakya, Penguin Books.
People of Nepal, Dor Bahadur Bista, Ratona Pustak Bhandar.

著　者
ウイリアムス春美《はるみ》

1939年(昭和14年)福島県生まれ。青山学院大学卒業後、中学校の英語の教師になる。1968年(昭和43年)にイギリス人と結婚。結婚後アメリカ、インドネシア、マレーシア、イギリスに住み、1976年からアメリカのワシントンD.C.に定住。1982年(昭和57年)にジョージタウン大学大学院を卒業し、その後ジョージタウン、アメリカン、ハワード大学で日本語を教える。1997〜1998年(平成9〜10年)、イギリスにて代替医療について学び、以後アメリカにて代替医療に携わり、太極拳をシニアセンターやスポーツセンターなどで教える。
著書に、『ぶらりあるき幸福のブータン』(芙蓉書房出版、2011年)、『母なるインド』(芙蓉書房、1970年)がある。また、上毛新聞に「アメリカ向こう三軒両隣」を９回連載(1982年)、ワシントンコミュニティーニュースレター「さくら通信」に戦争体験者へのインタビュー「あの頃」を７回連載(2005年)。

ぶらりあるき　天空《てんくう》のネパール

2012年 6月15日　第１刷発行

著　者
ウイリアムス春美《はるみ》

発行所
㈱芙蓉書房出版
(代表 平澤公裕)
〒113-0033東京都文京区本郷3-3-13
TEL 03-3813-4466　FAX 03-3813-4615
http://www.fuyoshobo.co.jp

印刷・製本／モリモト印刷

ISBN978-4-8295-0555-7